最強のネーミング

すべてのビジネスは名前から始まる

岩永嘉弘

日本実業出版社

はじめに——売れる商品はネーミングが9割

ビジネスの勝敗を分けるのはネーミング。商品やサービスの売れ行きを左右するだけでなく、名前から商品の実体が想い浮かぶことさえあります。戦後の流行語の中にも、商品名やキャッチフレーズが数多くあります。ネーミングはそうやって人々に影響を与えてきました。

そして今の時代、ネーミングは誰にでも身近になっています。ブログのタイトル、イベントや社内プロジェクトの命名など、気の利いた名前を考えるように上司や周囲に言われる機会は、以前より増えたのではありませんか？　コピーライター生活半世紀、ネーミングのプロと呼ばれるようになってすら40年経つ私も、これまで以上にそんなニーズを察知しては、なんとか皆さんのお役に立てないかと思っていました。

今沸き上がっているのは、起業や業態転換による差し迫ったネーミングのノウハウ伝授への要望。むろんお相手は規模も小さい会社や個人です。大手の広告代理店がそれら需要に応えるはずもない。しかし、膨大なニーズをプロのコピーライターだけでこなし切れるものではない。

ちょうどそう思ってソワソワしだしていると、今回の出版のお声がけがありました。渡りに船とはこのこと。私にとっても、今まで培ったノウハウをもっと一般向けに平易に伝えることで、新たなメソッドを打ち建てたいという願望があったのです。

というのも、これまでの本では主として、先達や自分の実践を中心に語ってきました。往々にして、それは大規模なプロジェクトを扱うことになります。大企業相手ともなれば、何人ものチェックが入る。プレゼンテーションも難儀です。


しかし、なぜネーミングにそこまで手間隙をかけてきたか？　ヒット商品がネーミングで決まることを各位が承知しているからです。画期的な発明ではあったが、たわしもその形状から「亀の子束子」と名乗って、１００年以上のロングセラーになった。同工異曲の競合商品が多数ある場合、よけい〝名前勝ち〟という事態も起きます。

極端な例だと、神社仏閣など名前の「ありがたさ」で参拝客を集めるケースも多々ある。実体はさておき、長野県飯田市にある貧乏神神社より鳥取県日野郡金持の金持神社のほうが、字面的にはどうしても豪勢に見えます。そこで、できる限り多方向から候補を出し、ある意味、それぞれの「ありがたさ」に説得力を持たせる検討にも長時間要したのです。

しかし、ネット時代の昨今、メディアに自己アピールするのは手間もかからず、ほとんど無償でできるようになった。だから、以前のスピード感ではもはや通用しないでしょう。大手代理店が介在する広告もネットに移行しつつある昨今、検索エンジンを駆使すれば、準備にかかる時間も省けるようになった。なにしろ即断即決でかからねば、ドラマの『水戸黄門』の主題歌ではないのですが、すぐ「後から来たのに追い越され」てしまいます。

つまり、これまでネーミング自体に縁のなかった人にも、その必要が生じている。そして、プロの手を借りようと想像もしなかった人にも、大手がどんな風にネーミングやコピー制作をしているかを知り、多少なりとも追いつこうという風潮が生まれている。

ところが、ネットで「ネーミング」と検索しても、相変わらず拙著などから無断借用した記述を適当にまとめた、かなり無責任な記事が多い。しかも、それはほとんど系統立ってはいないので、単なる「コツ」の押し売りに見えてしまう。

ネーミングはさすがにそんなに易しくはない。しかし、心と頭の用い次第で、誰にでも会得することができる。問題はその「心と頭の用い方」なんです。だから、それを書く側にも本当は精進が必要になるのです。

今回、多くのビジネスマンにヒアリングし、中小企業の「これぞ！」という実例にも目も通し、ベテランのジャーナリストの協力を得ながら実地に取材もし、今まで本当に作りたかったような本ができ上がりました。

ことに後半の実践編は類書にない傑出した部分（と、滅多にしない自画自賛をしてしまいます）。そこまで楽しんで読んでくだされば、あなたにもネーミングは思いがけずスラスラと出てくるはず。そして、心と頭がぐんと成長したようにも感じてもらえるでしょう。

2017年盛夏

岩永嘉弘

contents

第3章：ネーミングとはブランディングである……105
――ネーミングの準備と心構え――

contents

企画・構成：鈴木隆祐
カバーデザイン／志岐デザイン（萩原睦）　本文デザイン／ヤミィワークス
イラスト／若菜由三香　協力／フジイシード、松澤蒲鉾店

序章

ネーミングは勇気!

すべてはネーミングから始まる

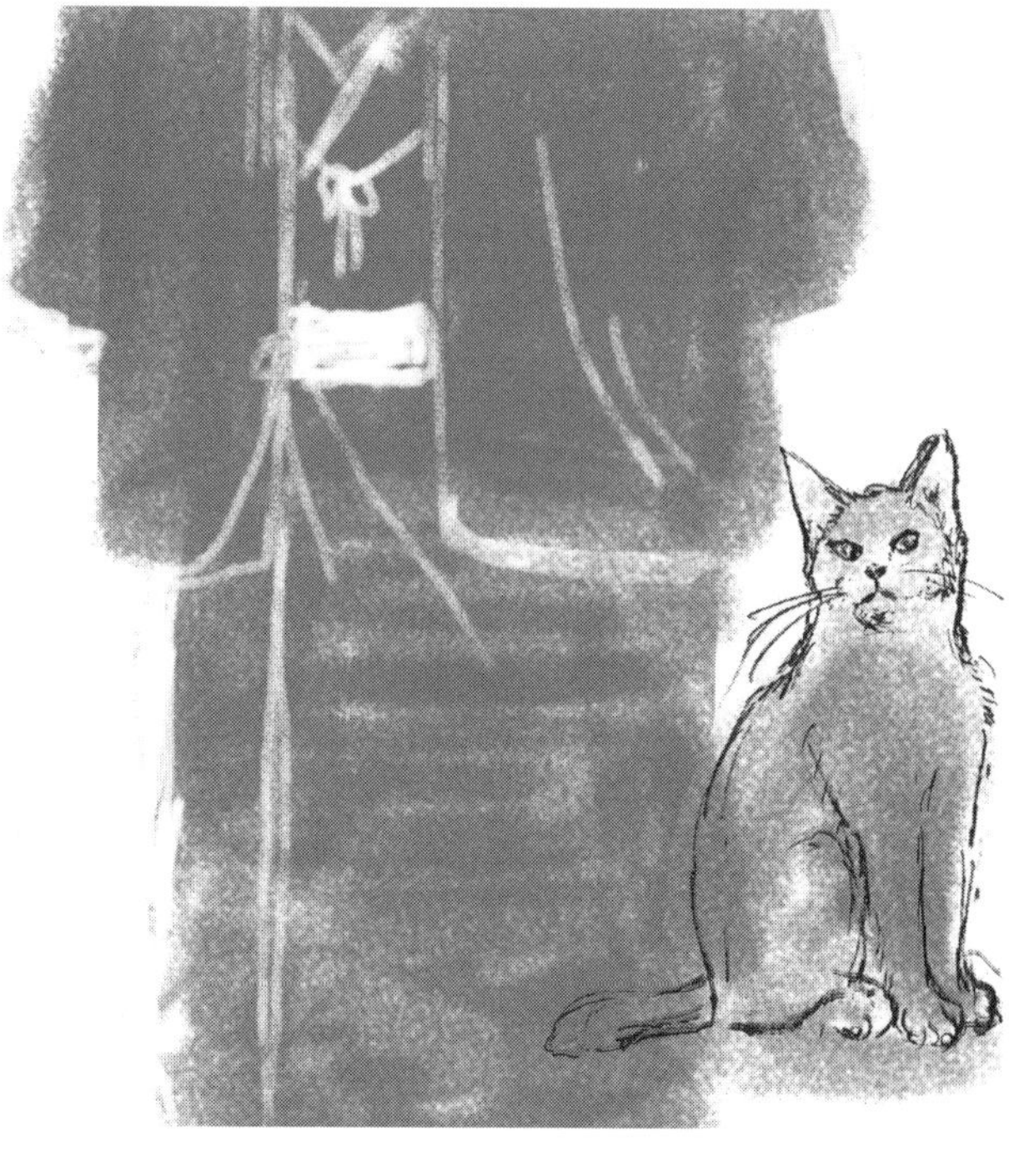

日本近代文学の生みの親がつけた名前

吾輩は猫である。名前はまだ無い。

夏目漱石のデビュー作『**吾輩は猫である**』のこの出だしはみなさん諳んじているでしょう。漱石も実際にモデルとなった猫を飼っていましたが、本当に名がなかった。迷い猫が懐いてしまい、仕方なく飼っていたので、最期まで名を付けなかった。

それでいて、吾輩が片思いをしている、隣宅に住む二絃琴の師匠の家の雌猫には「三毛子」とちゃんと名があります。乱暴なせいで吾輩が恐れる、車夫の飼い猫も「黒」。この小説自体、滑稽味を狙っているため、周囲の人間の名付けはお座なりで、飼い主の名だって珍野苦沙弥。娘の名も、とん子・すん子・めん子ですから、かなりふざけています。

そんな漱石もシリアスな小説では、登場人物の名づけに苦慮したと見えます。続く『坊っちゃん』こそ『吾輩』同様ユーモア小説で、主人公はじめ教員仲間も〝山嵐〟に〝赤シャツ〟と、ほとんどが渾名で登場するのですが、『虞美人草』以降、朝日新聞に連載した小説でそんなおふざけは通用しません。

しかも、『虞美人草』のような美文調のメロドラマなら、それらしく響きのいい名前、宗近一とか甲野藤尾などと登場人物につけておけばいい。しかし、代表作の『こゝろ』となると、漱石の長編中では珍しく、(人間の)一人称で語られるためばかりでなく、語り部の〝私〟以外も、〝先生〟に〝K〟とみんな不特定名詞で登場する。先生の〝奥さん〟(後半の告白文の上での〝お嬢さん〟)が確か数回、夫に〝静〟と呼ばれるくらいです。

登場人物にどんな名前をつけるかで、むしろ小説の性格が変わって行くように私には思われました。小説中とはいえ、**ネーミングには覚悟が要る**。これが人物ばかりか学校やら企業名となると、インチキ臭くないか、素直に読者に受け止めてもらえるか……などとつらつら考え出し、結局は書けなくなるという作家志望者も多かろうと思います。今流行りのラノベ(ライトノベル)だって、そこは同じでしょう。

人に向けて書くという行為の発端にネーミングがあります。ことにフィクションにおいては、人物や舞台設定の名付けがすべてを支配しがちです。

名づけるために物書きも存在している

実は私も自伝的な小説を書いたことがあります。純然たるフィクションではなく、随筆や詩の延長にあるような作品でしたが、いつも思うのが、架空の人物や設定に名前をつけるというのは恐ろしく勇気が要る——ということです。

なぜかといえば、**大切なのは読者（受け手）にとってのリアル**だから。むろん、それを読む喜びも、作家は文章で提供してあげなければならず、当然、端々まで単語の選びやリズムにも気を配るのです。

一方、回想録ならありのままが基本。自分にも読者にも嘘はつかないで済む。しかし、それが果たして面白いのかどうかは別です。だから、往々にして私小説家タイプは、自分の人生が他人様に語って面白いように無頼に生きたりもします。

逆にジャーナリストの仕事が大変なのは、「事実は小説より奇なり」を自分の足で探し、その吟味にかかり、また、実際面白いように書く技量も身につけなければならないところ。私も雑誌記者だった時代があるのでわかりますが、ここでも自身が発見、またはよりよく確認できた――と思われる事柄に命名する機会にけっこう恵まれます。というより、自然に言葉が沸いて出るのです。

記者が読者にわかりやすいように名づけた言葉が一人歩きし、時に「流行語大賞」なんてこともよくありますね。最近だと、週刊文春編集部が「ゲス不倫」で大賞トップ10に入りました。タレントのベッキーとロックバンドの「ゲスの極み乙女。」のリーダーの不倫を揶揄って略称しただけですが、これが下劣な、つまり〝ゲス〟な不倫そのものを指すようになってしまった。

言葉はこうして大きく膨らみも縮みもします。私は15年前、『すべてはネーミング』（光文社新書）という本を上梓した際、特にこのことに留意し、必ずしも商業的な領域に止まらない、世間の様々なネーミングについて考察しました。本書でもそうした、**一見すれば雑談っぽいような要素も大切にしたいと思います。なぜなら、そこにネーミングを巧みにできるようになるヒントも隠されているから**です。

ネーミングにはストーリーが必要である

よって**本書の構成**はこうなります。

まず**前半**では、スローガンなども含めた言語環境のトレンドも見ながら、最新のネーミング事情を見つめていきます。まずはそれらを楽しんで読んでもらいながら、ネーミングに必要な気づきや脳トレ的な話をさせてもらいます。

そして**中盤**では、ネーミング自体が広告、あるいはブランディングになりうる、まさに直近のビジネス界の状況をなるべく具体例を伴いながら解説します。

後半は私が編み出したネーミング法則を、前段で取り上げた話題と絡めて教授し、さらに実践編として若干ワークショップ方式で読んでいただける工夫をしました。

ネーミングは恐ろしい？

長編小説の内容を数語にまとめる――つもりで取り組もう。

いわば、これが本書のトリセツ。どこでも好きな箇所から読んでもらえるのですが、いちおうストーリーがあります。そう。**意識すべきは、このストーリーかもしれません。ネーミングはその徹底した凝縮**なのです。

この序章でも冒頭、小説の話題を持ち出しましたが、言語芸術は刈り込むほどに難しい。文学の形式なら、**小説は長編より中編、短編と難易度は増す。むろんさらに詩、短歌、俳句と難しくなるのです。最後に残るのは名付けです。**

文学者はみんな、その恐ろしさを知っている。だから、小説を書く際にも、けっこう人物その他のネーミングにも悩む。上手くそれらに名前がつけられると、まさにキャラクターに自然と命が吹き込まれていく。作家の分身から独立した人格を持って、読む人々に向かって歩き出すのです。

近年、それが最も成功した例は『ハリー・ポッター』シリーズではないでしょうか。魔法使いたちの話ですから、不思議な造語がたくさん出てきます。だから、児童文学なのに原版を読んでも、英語の勉強には不向きとよく言われる。もっとも、注意深く読むと、原作者のJ・K・ローリングが英語の源であるラテン語やゲルマン語、また古英語によく通じているということがわかります。

まずたくさんの呪文が出てくるのですが、次ページに一部簡単なものだけリスト・アップ

『ハリー・ポッター』シリーズの主な呪文

Lumos(ルーモス) ➡光よ	杖に明かりを灯す、初心者向けの魔法。光を意味するラテン語"lumen"に由来。英語の照明=illuminationの語源。
Nox(ノックス) ➡消えよ	ズバリ、ラテン語で夜。Lumos灯した明かりを消す。英語で夜行性を意味するnocturnalの語源。
Accio(アクシオ) ➡来い	離れた場所にある物体を、術者の側に呼び寄せる。ラテン語で「呼ぶ・命じる・求める」を意味する動詞。英語のaction他の語源。
Ascendio(アセンディオ) ➡昇れ	同じ意味のラテン語ascendoに由来。英語のascendの語源。
Dissendium(ディセンディウム) ➡降りよ	ラテン語descendoに由来。英語のdescendの語源。
Reparo(レパロ) ➡直れ	そのままラテン語で「修復」の意。英語のrepairの語源。
Alohomora(アロホモーラ) ➡開け	ハワイ語のAloha(送迎の万能語で「さようなら」も意味する)とラテン語のmora「障害」の造語。
Obliviate(オブリビエイト) ➡忘れよ	記憶の修正や消去をする際に使用。ラテン語oblivo+英語の接尾語ate(〜する・させるの意)。英語のoblivion(忘却)の語源。

『ハリー・ポッター』シリーズに登場する妖獣

フォークス(Fawkes)	魔術学校の校長室で飼われている美しい不死鳥。1605年に発覚した火薬陰謀事件の実行責任者、Guy Fawkesに由来。
バックビーク(Buckbeak)	伝説の半獣半鳥。際立ったくちばしを持つことから名づけられる。buck=standing out+beak
ボウトラックル(bowtruckle)	"bow"は古いスコットランド方言で dwelling(住まい)。"truckle" 古い英語方言で「木の枝」。文字通り、枝状の鍵開けの名人。
デミガイズ(demiguise)	半分の意の接頭辞demi+人を惑わす装いの意のguiseで、変幻自在に姿を消す能力を持つ妖獣。
ニフラー(niffler)	くすねる意味の"Niffle"=pilferの方言に由来。派生作品の『ファンタスティック・ビースト』に登場するカモノハシのような妖獣。

しました。これらの呪文も主にラテン語に由来します。一目見ただけでは、ネイティブでも意味を取れないでしょう。しかし、この**ラテン語が日本においてもネーミングの宝庫**と言えるのです。

独特のネーミング感覚が世界的ベストセラーを生んだ

最後のオブリビエイトだけ説明が必要かもしれません。ハリポタでは魔法を使っているところをマグル（人間）に見られてはいけないという設定があるので、記憶を消すために使う呪文です。だから、私たちもどこかで魔法使いに知らずに会っているのかもしれない……。

そんなことを思うのも、日常生活で使われる呪文はみな消去を意味するからです。手品での常套句、〝アブラカダブラ（Abracadabra）〟は古くは熱病や炎症を除去するために唱えられてきました。これは中東の古代語アラム語が語源ですが、「私の言うとおりになる」が転じて、「この言葉のように（痛みよ）いなくなれ」という意味らしい。日本の〝ちちんぷいぷい〟も同様ですね。これは春日局が乳母をしていた徳川家光をあやす際に唱えた、「知仁武勇御代の御宝」という掛詞が語源だそうですが……。

しかし、呪文の意味の取れなさこそ「神秘」を表現するのに打ってつけ。ローリングはそ

言葉の発掘とアレンジ

ネーミングにおいても温故知新は鍵となる

れをよくわかっている。子どもはディズニー版の『シンデレラ』に出てくる、“Bibbidi-Bobbidi-Boo”なんて無意味な呪文こそすらっと覚えてしまうものです。落語の『寿限無』のあの長大な名前もそうでしょう。

ハリポタの世界には様々な妖獣や幽霊なども出てきます。その中にはやはり他のファンタジーには登場しない、ローリングオリジナルのキャラクターも多い。これもごく一部を17ページの表にしたので、由来ともども見てもらいましょうか。ここでも彼女のネーミングセンスには、非常に知的なバックグラウンドを感じます。

これもバックビークなどには補足説明が必要でしょう。そもそもグリフォン（鷲獅子）と雌馬の間に生まれたとされる伝説の生物、ヒポグリフのリーダーが彼だからです。

英語で語源のことをエティモロジー（etymology）といいますが、英英辞典をそこまで見ると、こうして滅多に見かけない言葉にも出会うのです。それは日本の古語や漢和辞典でも同じ。詳しくは**第3章の「ネーミング準備編」でその心得を伝授しますが、辞書はネーミングの親友**です。

問題はあまり知られていない、そんな言葉たちにいかに脚光を当て、一般にも通じるよう甦らせるか。その言葉の発掘とアレンジにとても長けているのがローリング。彼女の言語感覚と世界観が聖書に次ぐ、シリーズ累計発行4億5000万部以上という、国際的なベストセラーを生んだのです！

特撮ヒーロー番組の怪人のネーミングすら複雑化

ハリポタに出てくる妖獣の名前に較べると、日本が誇る妖怪の名前は実にシンプルです。小豆洗い、一反木綿、大入道、唐傘、子泣き爺、座敷童子、砂かけ婆、塗り壁、ぬらりひょん、一つ目小僧……みんな字義通りか、見た目通りの姿をしています。

ろくろ首の名の由来は、そもそも首が伸びるというより、回る動きから来たよう。で、陶芸の際に用いる回転台、井戸の滑車などの轆轤《ろくろ》。中国の飛頭蛮という妖怪が元祖であり、本来は首が抜けて人を襲ったらしい。古典的ゲームの「黒ひげ危機一発」を思わせますね。

あの剣を刺すうち人形が吹き飛ぶ、ゲームの主役がなんで海賊の代名詞「黒ひげ」になったかといえば、たまたま海辺の近くで企画会議をしたからしい。**ネーミングと商品開発が双子関係ということも、4章「知っておきたい、ネーミングの法則」でじっくり説明していますので、心がけてほしいポイント**です。

むしろ、日本でハリポタ的造語力を感じるのは、『ウルトラマン』や『仮面ライダー』に出てくる怪獣や怪人の名でしょうか。ライダーの怪人など初期では、ただの蜘蛛男や蝿男、

新←旧 **進化する怪人ネーミング**

仮面ライダークウガ		仮面ライダーV3		仮面ライダー（VSゲルショッカー）		仮面ライダー（VSショッカー）
ラ・バルバ・デ	←	ハサミジャガー	←	ガニコウモル	←	蜘蛛男
ラ・ドルド・グ		カメバズーカ		サソリトカゲス		大コウモリ怪人
ヌ・ザジオ・レ		テレビバエ		クラゲウルフ		さそり男
ズ・グムン・バ		マシンガンスネーク		イノカブトン		毒サソリ男
ズ・ゴオマ・グ		ハンマークラゲ		イソギンジャガー		かまきり男
ズ・メビオ・ダ		ナイフアルマジロ		ウツボガメス		死神カメレオン
メ・バヂス・バ		ノコギリトカゲ		ワシカマギリ		蜂女
ゴ・ブウロ・グ		レンズアリ		クモライオン		コブラ男

最初は単語、次に動植物のかけ合わせ、次に物と動物などのミックス、そして最後はまるで学名のよう。グロンギという怪人に変身可能な種族の中でも、接頭語が属集団（階層）、中央が固有名詞、接尾語が動植物分類を表す。「ラ・バルバ・デ」の場合、審判・管理役のラ（集団）に属するデ（飛行性）のドルド（コンドル怪人）を表す。

蜂女だったのが、シリーズを追うごとに複雑化。平成以降の怪人の名は、もはや子ども向け作品にしては洗練されすぎていると感じるほどです。

これも上の表にしてみましたから、年代を追って比較してみてください。ここからも、子どもたちが時代につれ、さそり男やコブラ男のような、単純明快なネーミングでは満足できなくなっていることがわかります。

ハリポタの呪文と最新車名の共通点

ところで、先ほどのハリポタの呪文一覧を眺めていると何か思い出しませんか？　**車のネーミングには実にラテン語由来が多い**のです。特にトヨタは（偶然かも知れませんが）時代を画した代表車にラテン語名をつけている。1957年から2001年まで生産・販売していたコロナ（Corona）はその筆頭。これはラテン語「（花）冠」の意です。

現在、売れ筋ハイブリッドカーである〝AQUA〟は水を意味する。ミニバンブーム初期を牽引した〝IPSUM〟も「本来」を意味します。

ハイブリッドカーの先駆である〝PRIUS〟はもっと念が入っていて、ラテン語で「～に先立って」の意味であると同時に、Pはプレゼンス（存在感）、Rはラディカル（技術的革新）、Iはアイデアル（理想）、Uはユニティ（調和）、Sはソフィスケート（洗練）を象徴する。

トヨタは自社サイトで主要車種の名の由来を詳しく解説していますから、これはぜひ参考にされるとよいです。

具《つぶさ》に見ると、やはり全体に英語が多いのですが、フランス語・ドイツ語・スペイン語と他にも盛り沢山。最近では〝PASSO〟などイタリア語も多いようです。どこかカジュアルな響きがあるからでしょうが、むろん、ラテン語はヨーロッパ全土から北アフリカまでを制覇した、古代ローマ帝国で用いられた言語。その支配域の言語すべてに影響を与えているとはいえ、もっともそれが濃厚に残っているのがイタリアなので、ラテン語のひ孫みたいなもんですね。

ここで言えるネーミングの普遍的傾向として、**古語に回帰しつつも新たに造語するという、言葉の循環**が見られます。やはりネーミングの世界にも温故知新、あるいは不易流行は言えます。

そもそも「死語」とされる言葉には流行語が多い。「アジャパー」「ガチョ～ン」「オヨヨ……」「ゲッツ！」などはコメディアンのギャグゆえ、彼らの人気が衰えれば、「お呼びでない」のはわかる。もっとも、ランデブー（デート）やゲバルト（暴力）などはれっきとしたフランス語にドイツ語。しかし、ある時代に意味が変容し、とことん使われた上に飽きられてしまった。「戦後派」を意味するアプレ（ゲール）なんかもそうです。

ネーミング職人は言葉を追い求める狩人

そんな中、なんとか流通し、さらに廃れない言葉を生み出そうというのだから、ネーミングは責任重大な創作活動。そこで、**すべてのヨーロッパ語のルーツ、ラテン語にますます注目も集まっている**のです。

それを証拠に、トヨタの海外向け高級車〝レクサス（LEXUS）〟も、英語の〝Luxury〟（豪華）の語源であるラテン語〝Luxus〟をもじった造語を採用しています。このブランド名に決定する前は「アレクシス」や「レクシス」も候補に挙がっていたそうです。ブランド立ち上げに関わったニューヨークの広告会社は、この名称に特定の意味はないとしていますが、一方で"Luxury Exports to the U.S."(アメリカ合衆国への高級輸出品)の略説も囁かれてはいます。

もちろん、世界規模で販売され、しかも、かなり高額な車の名はプロによる典型的なネーミング作業例です。本書を手にネーミングにトライしようという、初心者の皆さんにはそのまま参考にはならない。短い言葉に多くの意味を集約させようと、言葉のプロたちがあれこれ取材し、候補出しの上で検討を重ね、音声学的なチェック、商標登録の照合も充分に踏んだ挙げ句に決定される。そのプロセスを真似ようがないからです。

しかし、**ネーミングの基本要件、「音感」「品性」「形容」「イメージ」「願望」**が見事に綾なしている例は少ない。また、本書の後段でご説明する、「ネーミングの加減乗除法」(175ページ参照)にも多くが則っています。そちらをお読みになる際も、意識されるとネーミングの骨法がぐっとつかめるでしょう。

一般に言葉狩りとは、「特定の言葉の使用を禁じる社会的規制を否定的に表現した言葉」とされますが、私たちネーミング職人は言葉の渉猟をあらゆるフィールドで繰り返しているという意味で、まさしく「ワード・ハンター」です。

ソアラ(soarer)はグライダーの最上級を意味する

車名の命名だけで本が1冊書けてしまうほど、各社それぞれに創意工夫を凝らしている。ほとんどが外来語そのものか、それらを組み合わせた造語だが、時にどこから拾ってくるのか――という鋭い言葉の選択眼を感じる。

ところで2008年、ローリングはハーバード大学の卒業式に講演ゲストで呼ばれ、祝辞を述べました。タイトルにはこう銘打たれています。『失敗がもたらす利益と想像力の重要性』。ローリングはそこでこう語っています。「失敗は不必要なものを剥ぎ取ってくれる」と。そして講演の最後を、この有名な古代ローマの哲学者で、詩人でもあるセネカの言葉で結びました。「人生は物語のようなものだ。重要なのはそれがどんなに長いかではなく、どんなに良いかという点だ」

ネーミングもまさにその通り。失敗を恐れず、大量にネタ出しをし、素早くその取捨選択をするという、トライ&エラーの連続です。大切なのは勇気。ハリポタのような冒険小説の永遠のテーマを共有しています。そして、ハリポタほど長くせずに、それを使う。そして、目にする人の心に共通の〝物語〟を宿すのです。

つねに確認したい〝ネーミングの基本要件5〟

「音感」：声に出してすんなり覚えられるか？
「品性」：商品・サービスの柄に合っているか？
「形容」：特性を適格に現しているか？
「イメージ」：言葉以上の内容を喚起するか？
「願望」：発信者の送り手への思いが籠っているか？

第１章

ネーミングの **最新トレンド**は **町中**にある!

身近なネーミングをじっくり観察する

日本酒ブームの陰にネーミングあり

ネーミングが一般社会に本当に浸透したな——と感じるのは、専門店に行って、日本酒の銘柄を眺める時です。マイナーな蔵だと、少しでも目立とうと、かなり奇抜な名前をつけている。あまり酒の飲めない自分でも、ああ面白いなと、つい手に取ってしまうのです。

そこで本書の肝である第4章『知っておきたい、ネーミングの法則』でも、日本酒をモデルにあれこれご説明しています。『はじめに』でもお伝えしたように、**今はあらゆる局面でネーミングの必要に迫られています**。かつて「地産地消」とされた、知る人ぞ知る商品、あるいは旅館などのサービス、アウトドア・スポーツなどのアクティビティ等々が、**ネットの普及のおかげで、ネーミング次第では全国区になり得る**からです。

その傾向を最も早く追い風にしたのが、日本酒なのではないでしょうか？　今をときめく山口県岩国市の旭酒造の「獺祭」などが典型です。

もともと旭酒造には200年以上の伝統を持つ普通酒、「旭富士」という看板商品があり、地元の需要だけで細々とやって来た。それが日本酒離れで、次第に経営が難しくなり、当代の桜井博志前社長（現会長）が蔵を継いだ時点では、このままでは廃業もやむを得ない状況まで追い込まれていたそうです。

山口は小さな県です。日本酒市場もほとんど地元消費で自己完結していた。しかし、桜井さんには「地元では食えないという危機感があった」といいます。

そこで桜井さんは一念発起し、東京進出を前提に、純米大吟醸酒「**獺祭**」を作り上げたのです。それが１９９０年のこと。92年にはそのフラッグシップである、「**磨き二割三分**」を製品化し、快進撃が始まったのでした。

桜井さんはそれまでの「求められている酒とはこれまでのような、『酔うため、売るための酒』ではなく、『味わう酒』」だと気づき、ひたすら酒質の追求に向かいました。「獺祭」も実際に世に出るまでの６年、試行錯誤の末に生まれた味でした。

「獺祭 磨き その先へ」
720ml / 32,400円

「獺祭 純米大吟醸 二割三分」
720ml / 5,297円

「獺祭 純米大吟醸 三割九分」
720ml / 2,571円

ルーツに忠実でかつ懐深い好ネーミングが受けた

獺祭の名は会社の所在地である旧川上村の獺越《おそごえ》の地名に由来します。当地には「古い獺《かわうそ》がいて、子供を化かして追越してきた」という伝説があり、そこで地名もついたのだそう。だから、地名から一字をとって銘柄も「獺祭」。これは獺が捕らえた魚を岸に並べ、まるで祭りをするように見えるところから、詩や文をつくる際、多くの参考資料等を広げ散らすことで、明治の俳人・正岡子規も自らを「獺祭書屋主人」と号しました。なかなか揮ったネーミングですね。

まずこの言葉を知らずにラベルを眺め、「**だっさい**」とすぐ読めた人は発売当初、ごく少数だったのではないでしょうか？　普通は回避される難読漢字の使用も、日本酒などの場合はアリなのだ——と製造者・消費者双方に思わせた功績も大きい。むろん酒質もですが、名前のよさもあって、これだけ受け容れられたのだと思います。

この5年間毎年30％近く売り上げを伸ばし、年商はこの10年で約13倍の49億円（2014年）。あまりに獺祭が業界を席巻したので、日本酒党の中にはアンチもいるようですが、この酒が今の小ロットで高級志向という、第何次かの日本酒ブームを牽引したのも確かです。獺祭に追いつけ追い越せと、ユニークな名前の地酒が続々と誕生しています。

代表的銘柄「山鶴正宗」の時代は終わった？

ただ、その前に踏まえておいてほしいのが、従来の日本酒名にどんなものが多いのか。使用漢字のベスト10は別掲（左上の図）のようになります。日本酒の蔵は全国で1500以上もあり、銘柄も膨大な数に上りますが、うち4500種を対象に最も多く使われている漢字を日本酒造組合中央会が10年以上前に調査した結果です。

どれもなじみ深い漢字ばかりで、いくつか繋げれば「菊正宗」「白鶴」など、メジャーな銘柄ができてしまいます。この他にも**梅・桜・亀・沢・松**……と縁起のいい漢字の組み合わせが主流。

もともと宮中での酒造りが先行した日本酒には、銘柄がありませんでした。室町時代に至り、奈良の僧坊酒を『南都諸白《なんともろはく》』として売り出したのが日本酒のブランディングの嚆矢。15世紀の京都でようやく『柳』『梅』といった造り酒屋ごとの銘柄が広まり、江戸時代後期の灘で清酒が臨済正宗（黄檗宗）の「せいしゅう」を連想させると、正宗第1号である『**桜正宗**』が誕生したといいます。ここでも縁起を担いだのですね。

日本酒名に多い使用漢字のベスト10		
1位	**山**	241銘柄
2位	**鶴**	203銘柄
3位	**正**	193銘柄
4位	**宗**	182銘柄
5位	菊	161銘柄
6位	大	145銘柄
7位	金	140銘柄
8位	泉	137銘柄
9位	乃	131銘柄
10位	白	127銘柄

（出典）日本酒造組合中央会

中国相手に商標の壁

桜正宗は今、再び中国相手に商標の壁にぶつかっている。4〜5年前、輸出を始めるために現地で商標登録しようとしたところ、すでに桜正宗の商標は現地企業に取得されていることが判明したのだ。現在も係争中といい、「中国から輸出要請はあるができない状況」なのだそう。

この酒の人気が高まるにつれ、その名にあやかる蔵元が全国で続々と現れ、ついには正宗の名は普通名詞となった。1884年に政府が商標条例を制定した際、桜正宗は「正宗」を登録したが、受け付けられず、国花の「桜」をつけ、現在の名があるのです。

2013年1月23日付の日本経済新聞大阪夕刊「いまドキ関西」によると、今でも「正宗」を冠した酒銘や社名は百数十あるそうです。全国の代表的な正宗の一覧も別掲しておきましょう。だいぶ廃業した蔵もありますが、ほとんど各県に一つは存在します。

中でメジャー級は京都の**キンシ正宗**。かつて軍人に授与された「金鵄《きんし》勲章」に由来するそうです。新潟の武蔵野酒造の「スキー正宗」も有名。上越市は日本でのスキーの発祥地で、古くから正宗の名を使っていたが、昭和初期に街おこしの一環でその名に変えたそうです。

東京23区内で唯一の酒蔵、北区の小山酒造の**丸眞正宗**は、先代が「商いは正直こそが基本である」と〝まるまる本物〟、また〝名刀正宗〟になぞらえ、キレの良い後味という意味を込めたとか。かの「お酒の王様」**月桂冠**も明治の初めまでは「鳳麟《ほうりん》正宗」と名乗っていました。それが1905年になって、古代オリンピアを偲び、勝利と栄光のシンボルとして現在の名を商標登録して使い出しました。

兵庫県の正宗はこんなにある!

「櫻正宗」櫻正宗、「泉正宗」泉酒造、「扇正宗」今津酒造、「菊正宗」菊正宗酒造、「大黒正宗」安福又四郎商店、「千鳥正宗」岡村酒造場、「名刀正宗」田中酒造場 etc.

全国の代表的な正宗の一覧

- 福井 **羽二重《はぶたえ》正宗**（常山酒造）
- 長野 **アルプス正宗**（亀田屋酒造）
- 岐阜 **達磨正宗**（白木恒助商店）
- 滋賀 **鈴正宗**（矢尾酒造）
- 京都 **キンシ正宗**（キンシ正宗（株））
- 鳥取 **三朝《みささ》正宗**（㈲藤井酒造合資会社）
- 秋田 **由利《ゆり》正宗**（齋彌酒造店）
- 山形 **沖正宗**（浜田（株））
- 新潟 **スキー正宗**（武蔵野酒造）
- 山梨 **甲州正宗**（腕相撲酒造）
- 石川 **福正宗**（福光屋）
- 青森 **鳩正宗**（鳩正宗（株））
- 福島 **笹正宗**（笹正宗酒造）
- 群馬 **浅間正宗**（浅間酒造）
- 栃木 **雄東《ゆうとう》正宗**（杉田酒造）
- 茨城 **徳正宗**（萩原酒造）
- 広島 **菱正宗**（久保田酒造）
- 愛知 **豊田正宗**（豊田酒造）
- 埼玉 **旭正宗**（内木酒造）
- 山口 **一〇《いちまる》正宗**（一〇酒造）
- 大阪 **浪花正宗**（浪花酒造）
- 千葉 **甲子《きね》正宗**（内木酒造）
- 福岡 **鷹正宗**（（株）鷹正宗）
- 愛媛 **山丹《やまたん》正宗**（八木酒造部）
- 三重 **上げ馬・名水正宗**（細川酒造）
- 東京 **丸眞正宗**（小山酒造）
- 大分 **天眞雪《てんしんゆき》正宗**（大地酒造合資会社）
- 高知 **土陽正宗《つちようせいそう》**（松尾酒造）
- 岡山 **三光正宗**（三光正宗（株））
- 静岡 **白隠《はくいん》正宗**（高嶋酒造）

ネーミングによる地方創成をリードする日本酒銘柄

古式ゆかしき日本酒の名についてだけで、ここまで話が広がってしまいました。ではいよいよ、最新のユニークな日本酒ネーミングの話に移行しましょう。これも枚挙に暇ないので、あくまでポスト獺祭ともいうべき酒に限り、いくつか選んで表にしてみました。ざっとお目通しください。

思わず笑ってしまうような個性的な名前が多々ありますね。「**万古**」は秋田県の山本合名会社、「**金玉**」は山形県の浜田製造とのこと。結婚式などの引き出物によく利用されるそうです。

「**ばんげぼんげ**」は町の有志がPRのために統一ブランドとして公募で決めた「坂下よいとこ」を意味する名前で、町内には同名の特産品が複数あります。酒造好適米「夢の香」も酵母の「うつくしま夢酵母」も福島産。生粋の地酒であり、**ネーミングがメッセージという典型例**です。

「**死神**」も一部では有名な酒で、社名と同じめでたい響きのメイン銘柄の「加茂福」とは真逆のインパクトを狙った。同社は1995年から季節労働の杜氏に頼らず、社員のみの酒造に転換。最新設備の導入や古代酒の再現など様々な実験を続けるうち、「当時ブームだった

ユニークな日本酒ネーミング

銘柄	蔵元	特徴
三百年の掟やぶり	寿虎屋酒造 (山形市)	江戸中期創業の老舗が、蔵人しか飲めなかった「無ろ過槽前原酒」をシリーズ展開。
海風土 (シーフード)	今田醸造本店 (広島県安芸津町)	地元では福久長の銘柄で知られる。白麹使用の純米酒で、「牡蠣など地元の「魚介類に合う」がコンセプト。
辛口ばっか飲んでんじゃねえよ	石井酒造 (埼玉県幸手市)	初緑、豊明の2大ブランドの傍らで作られる旨口純米酒で、日本酒専門店「KURAND」とのコラボ商品。
ワタシノオト	一ノ蔵 (宮城県大崎市)	数量限定の純米酒でアルコール分12%と控えめ。「わたしノート」と「わたしの音」のダブルミーニング。
金玉・万古 (きんぎょく・ばんこ)	浜田製造(金玉) 山本合名会社(万古)	金玉が純米酒、万古が大吟醸。秋田のヒーロー「超神ネイガー」の日本酒も販売。
ばんげぼんげ	豊国酒造 (福島県南会津郡)	会津弁の「ばんげ(晩)」、フランス語と英語の「よい("bon" "good")」を組み合わせた造語から。
ワイルドサイドを歩け!	三芳菊 (徳島県三好市)	従業員たった3名の小さな蔵の放つ、常識破りかつロックな酒。
死神	加茂福酒造 (島根県邑南町)	サイトに「日本一縁起の悪い名前の酒」と記される。色も枯葉色だが、癖になる。落語の『死神』に因む。
ぱんだ祭り	矢野酒造 (佐賀県鹿島市)	「竹の園」という銘柄の新展開で、季節限定の純米酒や純米吟醸。ラベルの可憐さが目を惹く。
紀土 KID	平和酒造 (和歌山県海南市)	大半の酒をこのブランド名で展開。平和クラフトという地ビールも製造。
最低野郎	白糸酒造 (京都府宮津市)	純米吟醸酒。アニメ『装甲騎兵ボトムズ』とのコラボ商品で、これで「ボトムズ」と読む。
蒼斗七星	石井酒造 (埼玉県幸手市)	純米大吟醸、純米吟醸、特別純米をこの名で展開。ボトルデザインも美しい。

ワイルドサイドを歩け!

「ワイルドサイドを歩け!」はアメリカのロック歌手、ルー・リードの"Walk on the Wild Side"から取っており、蔵主兼杜氏もメンバーであるバンドのCD付きで販売されたとか。徳島県産山田錦等外米から醸される、無ろ過生原酒おりがらみというタイプで、珍しい明利酵母を用いることで、強烈な果実香を引き出す三芳菊の酒の中でもかなり特異だそう。なお、三好市池田町の地名は片仮名表記されることでも知られており、同社所在地も「サラダ」というから変わっている。

淡麗辛口の吟醸酒と正反対の商品設計、味の濃い旨口に挑み、東京市場を攻めようと思うに至った」そうです。

「紀土」は紀州の風土と「キッド＝我が子」のように慈しんで醸す酒――から来ています。蔵元の平和酒造は戦時中いったん休業に追い込まれ、戦後に現在の名で再出発した会社。昭和60年代までは京都の大手メーカーの桶売り蔵として自社ブランドは細々と販売していました。しかし、自分たちが造りたい物を造ろうという想いから近年、若い杜氏や蔵人を集め、自社ブランドに力点を置いています。

「最低野郎」の蔵元、白糸酒造は様々なアニメ関連のコラボレーション商品が多いことで有名。取締役の宮崎美帆さんはアニオタ（アニメおたく）で、大学時代は声優を志望し、アニメ制作会社でアルバイトをしたこともあるそう。提携先のサンライズは特に憧れの会社で、違う作品でのコラボを呼びかけると、『装甲騎兵ボトムズ』での企画を逆に持ちかけられたのだといいます。すでに市場に出ていた「天橋立へようきなった」と中身は同じで、ボトムズの監督、高橋良輔さんが題字を書きました。

トリプルミーニングの美しい酒銘

感心したのは「**蒼斗七星**」。もちろん社名の青砥《あおと》にかけているのですが、現在の五代目社長には青色の仕込みタンクの中に散らばった掛麹が、宇宙で瞬く無数の星のように見えたのだとか。そこで「蒼斗」とし、昔は旅人が北斗七星を見て、自分の今いる場所を確認し、進むべき方向を決めていたことから、同社の今後進むべき道を照らす星明かりとなり、点である星と星を繋げる、と星座になるように名づけたのだそうです。さらには、その酒を酌み交わすことで、人と人が繋がって新たな場を作り出し、絆を深められたら——との思いも込めて……。

また、なかなか挑発的な「**辛口ばっか飲んでんじゃねえよ**」も第4章で詳説する、**現在の日本酒のトレンドへの反発をそのまま名前に**しています。銘柄とは裏腹の女性向けのタッチのイラストラベルが可愛くて、夏、秋、冬と季節ごとにバージョン違いがあります。「海風土」のラベルにもタコ、エビ、カニらがポップに踊っていて、イタリア辺りのワインみたいです。実際、広島特産のレモンを思わすような酸味が立っていて、白ワインに味が近いそう。

ここ数年、ワインのようなボトルデザインも増え、スパークリング清酒も続々登場するなど、女性の目を意識した商品が多い。だから、ラベルなどもお洒落で可愛いらしい表現が目

「ぱんだ祭り」
パンダが大勢ではしゃぐ可愛いイラストに特徴。

「ワタシノオト」
リゾート地の森のイメージをシンプルに表現。

立つのです。パンダは竹（笹）が好き——ということから命名された「**ぱんだ祭り**」も同様に可愛いものに目がない女性のツボを衝いた、ラベルに特徴のある酒。「ていねいに暮らす「私」の純米酒」がコンセプトの「**ワタシノオト**」も、一ノ蔵の女性だけの開発チームが作った、女子会需要を狙ったチャーミングな酒です。

実際、果汁と合わせたカクテルベースになるなど、日本酒の捉え方自体も変わってきました。そこで、柔らかな書体のひらがなや、アルファベット表記のネーミングも増えているのです。

英語の日本酒銘柄

CEL-24
（純米吟醸原酒/高知県・亀泉酒造）
酵母から命名。白ワインのような香り。

Acid Seven
（純米生酒/秋田・天寿酒造）
甘酸っぱい初恋をイメージした、酸が立つ酒。

Lapis Lazuli“瑠璃”
（純米酒／秋田・新政酒造）
お洒落に振り切った蔵の、シリーズ「Colors」より。

Nature-H ~Barrel~
（純米酒/山形・楯の川酒造）
杉樽に貯蔵し、創業当時の酒質を再現。

Rice Magic人気一
（スパークリング酒/福島・人気酒造）
古代米「朝紫」を使用。名の通り赤い。

FLOWER SNOW
（特別純米生酒／青森・西田酒造）
「田酒」で知られる蔵の新機軸で、和製シャンパンを標榜する発泡酒。

Shall we dance
（純米酒／佐賀・光武酒造場）
ワイン酵母を使用した「洋食に合う日本酒」。

世界市場を狙う日本酒を取り巻く状況

こうした日本酒のユニークな名に関して、2012年4月21日付の日経電子版の記事中、「日本酒博士」の異名を取る、東京の酒問屋・岡永の取締役企画部長、森晃一郎さんはこう語っています。同社は1970~80年代の地酒ブームをリードした「日本名門酒会」が本部を置く老舗です。

「銘柄にも一種の流行がある。『よくもまあ』とあきれる名前には受け狙いも多く、日本酒より焼酎で先行した手法」

ただ、日本酒は何度かの衰退期を経て、「品質やパッケージのデザインを一新して生まれ変わろうと、**熟慮の末に付けた銘柄が多い**」。本書でたびたび日本酒を取り上げようという狙いも、実はそこにあるのです。

最後に人気の銘柄ランキングを評価サイト（次ページ）から見てみましょう。これは日本酒ファンの口コミの「よい・悪い」の集計から割り出された、比較的公平なデータです。やはり獺祭は断トツの人気ですが、他の名前もそう奇を衒ってはいません。「**熟慮の末に付けた銘柄**」**がタフに生き残っている**感じです。

地元出身の安倍晋三首相によって、オバマ大統領をはじめとする各国首脳にプレゼントさ

限定商品では自由なネーミングが可能

しかし、熟慮の上のネーミングだけが生き残る日本酒の世界だ。

れたPR効果も手伝い、獺祭は海外でも好評で、国際的な日本酒需要の突破口を開いた——とも言われています。桜井会長も地方経済振興の雄として、よくビジネス誌などでも持て栄されています。海外市場を意識すると、従来の「日本的」な中味やデザインも変わってきます。ただ、名前はむしろ「日本的」であるべきなのではないでしょうか。

日本酒人気銘柄ランキング

順位	商品名	蔵元
1位	獺祭（だっさい）	旭酒造
2位	十四代（じゅうよんだい）	高木酒造
3位	醸し人九平次（かもしびとくへいじ）	萬乗醸造
4位	黒龍（こくりゅう）	黒龍酒造
5位	田酒（でんしゅ）	西田酒造店
6位	久保田（くぼた）	朝日酒造
7位	出羽桜（でわざくら）	出羽桜酒造
8位	鳳凰美田（ほうおうびでん）	小林酒造
9位	飛露喜（ひろき）	廣木酒造本店
10位	〆張鶴（しめはりつる）	宮尾酒造
11位	八海山（はっかいさん）	八海醸造
12位	くどき上手（くどきじょうず）	亀の井酒造
13位	天狗舞（てんぐまい）	車多酒造
14位	菊姫（きくひめ）	菊姫
15位	梵（ぼん）	加藤吉平商店
16位	磯自慢（いそじまん）	磯自慢酒造
17位	新政（あらまさ）	新政酒造
18位	臥龍梅（がりゅうばい）	三和酒造
19位	真澄（ますみ）	宮坂醸造
20位	浦霞（うらかすみ）	佐浦

（出典）「日本酒物語」のサイトより　http://www.sakeno.com/

最後に現在の日本酒の出荷（売上げ）ランキング10（2014年度、左図）を見てみます。皆さんおなじみの銘柄が並んでいますが、ほとんどが年々売上げを落としている。

造り別に見ると、純米酒、純米吟醸酒、吟醸酒の出荷量が次第に増し、構成比で見ても1／5から1／4の割合になっている。その煽りを受けているのが本醸造酒や一般酒で、安い清酒を日常的に飲む習慣があるヘビーユーザーの高齢化が要因として挙げられます。

ビール業界がプレミア指向になったように、清酒業界でも同じ兆しが見て取れるのです。

ランキングで松竹梅の宝酒造や世界鷹グループが好調なのも、スパークリング酒や吟醸酒など普通酒以外の商品が売れたから。**第4章で「ネーミングはマーケティング」だとの解説もしていますが、こうして業界の実情を探ることで、自ずと命名のヒントも得られ**

2012〜2014年日本酒上位メーカー10社の出荷ランキング

	2012(kl)	2013(kl)	2014(kl)	対比(%)	
				2014/2013	2014/2012
白鶴	60.034	59.619	57.545	96.5	95.9
松竹梅	49.334	49.835	50.405	101.1	102.2
月桂冠	49.788	49.788	48.462	97.3	97.3
世界鷹G	25.453	25.454	25.999	102.1	102.1
大関	31.208	28.321	25.967	91.7	83.2
オエノンG	25.645	23.594	20.580	87.2	80.2
黄桜	19.356	19.230	18.256	94.9	94.3
菊正宗	18.021	17.660	17.318	98.1	96.1
日本盛	22.098	19.681	16.996	86.4	76.9
白鹿	11.260	10.746	10.961	102.0	97.3

（出典）日刊経済通信社調べ

る場合が多いのです。

日本のタバコの名前が輸入車のようになっている？

言語的にも豊かな日本酒の世界に較べると、同じ嗜好品でも近年のタバコのネーミングにはいささかガッカリしてしまいます。ハリウッド映画のように、人気銘柄の派生製品が多く、そのせいでオリジナル銘柄を愛煙する人でも名前を一向に覚えない。そのうち製品自体がすぐ消えていき、まるで定着しない。

どうしてそんな状況になったかといえば、嫌煙・禁煙の傾向が募る一方で、テレビCMなど表立った広告が禁じられ、日本たばこ産業（JT）などメーカーにとってはちょうど出版業界同様、多品目を市場に投入せざるを得ない、自転車操業の時代に突入したからです。タバコの需要が減れば、実はそこから税収を得ていた国家にも打撃。日本のたばこ税率は約65%と、その販売額にかかわらず本数あたりで決まっているんです（ただし、エコーなどの旧三級品については、経過措置として税額が異なる）。

そこで1998年12月、2003年7月、06年7月、10年10月とわずか十数年間で4度も増税され、その度に値段も上がりました。「（税金を）取りやすい所から取る」という批判が起きるのも当然の悪循環です。先進国の中では税率が低いとはいえ、ほとんど税金を吸っているようなもの。

そんな意識から消費者のタバコ離れも加速しました。現に今、ＪＴの単独銘柄は激減しています。派生品で目移りさせ、従来品のファンを釣ろうという魂胆が見え見えなのです。その隙を縫って、輸入紙巻タバコがかなり入ってきています。が、これも品種の入れ替わりはかなり激しい。結果的に名前が印象づけられないまま、品目自体は増えている。

ＪＴのラインナップだけでも確認してみましょう。するとメビウス、ウィンストン、セブンスター、ピアニッシモ、ピース、ホープ、ナチュラル・アメリカン・スピリットと、**7つのファミリーとその他**に大別できます。

これは外車がお好きな方ならピンと来るでしょう。メルセデス・ベンツ、ＢＭＷ、アウディといったドイツ車をはじめ**ヨーロッパの車では、こうしたシリーズ分けをした上で、番号を振るのがネーミングの定番**です。ドイツ的合理主義の所以といいますが、フランスだとプジョー、スウェーデンならボルボ、今は消滅したサーブもそうでした。この辺りは追って、第3章の「ネーミング準備5箇条」でもご説明しましょう。

没個性化するタバコのネーミングに隠れた事情

ＪＴのタバコでもとりわけアイテムが多いのが「**メビウスファミリー**」で、なんと40種あります。以前から人気のマイルドセブンが13年2月1日からこの名称に変更となったためですが、キャビン及びキャスターを統合した「**ウィンストンファミリー**」も29種を数える。

そもそもウィンストンはアメリカのＲ・Ｊ・レイノルズ社が１９５４年に立ち上げたブランドで、その３年後には日本でも発売されています。99年にＲＪＲ社の海外事業を買収し、アメリカ以外ではＪＴが販売しています。現在１１１カ国以上で販売され、年間総売上は約１３００億本にのぼる世界第２位のメガブランドなのです。

一方、キャビンは78年、キャスターは82年の発売以来、根強いファンに支持されてきたＪＴのオリジナルブランド。ただ、この３銘柄を吸ったことのある友人に言わせると、「全然違う喫味」と言います。事実、ＪＴの小林光臣社長は発表記者会見においてこう語っています。

「愛煙家の好みは多様化しており、特にアジアの消費者の嗜好は欧

世界3位のJT

国内市場が目減りする一方なので忘れられがちだが、JTはこうした戦略的なM&Aに積極的であり、そこからの収益率も高い。

グローバルたばこメーカーの販売数量（2015年）

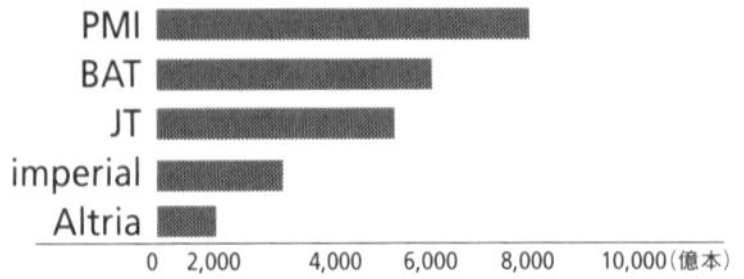

（出典）JT調べ（2016年7月時点）

米とは異なる。国内で長く愛されてきたキャビンとキャスターの確固たる〝ジャパン・クオリティ〟を強みに、地理的にも嗜好も親しいアジアの一国・日本の企業として、満足してもらえる商品を提供していく」

国内市場が目減りする一方なので忘れられがちですが、JTはこうした戦略的なM&Aに積極的であり、そこからの収益率も高い。「需要が続くであろうマーケット」へのシフトに熱心なのです。もはや海外での売上げが全体の3分の2を占める国際企業。世界でも第3

派生ネーミング出し過ぎに注意!

消費者を惑わすタバコのネーミングは反面教師。

JTのラインナップ	
メビウス	40銘柄
ウィンストン	32銘柄
セブンスター	15銘柄
ピアニッシモ	10銘柄
ピース	7銘柄
ホープ	4銘柄
ナチュラル・アメリカン・スピリット	8銘柄

メビウスのラインナップ
メビウス
メビウス・ボックス
メビウス・100's・ボックス
メビウス・ライト
メビウス・ライト・ボックス
メビウス・ライト・100's・ボックス
メビウス・スーパーライト
メビウス・スーパーライト・ボックス
メビウス・スーパーライト・100's・ボックス
メビウス・エクストラライト
メビウス・エクストラライト・ボックス
メビウス・エクストラライト・100's・ボックス
メビウス・ワン
メビウス・ワン・ボックス
メビウス・ワン・100's・ボックス
メビウス・インパクト・ワン・100's・ボックス
メビウス・モード・6
メビウス・モード・6・100's
メビウス・モード・3・100's
メビウス・モード・ワン・100's
メビウス・モード・スタイルプラス・6
メビウス・モード・スタイルプラス・ワン
メビウス・オプション・リッチプラス・10
メビウス・オプション・リッチプラス・6
メビウス・オプション・リッチプラス・ワン・100's
メビウス・プレミアムメンソール・8
メビウス・プレミアムメンソール・5
メビウス・プレミアムメンソール・ワン
メビウス・プレミアムメンソール・ワン・100's
メビウス・プレミアムメンソール・オプション・8
メビウス・プレミアムメンソール・オプション・5
メビウス・プレミアムメンソール・オプション・ワン・100's

etc.

位のタバコメーカーです。

よって、「メビウス・オプション・リッチプラス」だの「ウィンストン・スパークリングメンソール」といった、ひたすら長ったらしい片仮名の羅列製品が増殖するわけも、そこにあるのです。オールドファンには懐かしい「いこい」や「峰」だと通用しませんからね。それにしても、「メビウス・プレミアムメンソール・オプション・パープル・ワン・100's・スリム」はさすがにないな……と思いますけど。

キラキラ化する大学名と学部名

妙に長いタバコの名前を眺めると、**昨今の大学新設学部の命名の芸のなさと、人名同様のキラキラ化**が想い起こされます。これも表で見てみましょう。

概ねはお世辞にも全国的に知られた、高偏差値の大学とは言えません。そもそも大学全入時代に合わせ、専門学校や短大が4年制に改まって以降、こうしたキラキラ学部名、さらには大学名も増えました。

天使大学《てんしだいがく》はカトリック系の、おそらくは「白衣の天使」にも因む看護栄養学部のみの単科大です。**群馬パース大学**も看護学科を主体とする保健科学部とその大学院で構成される医療系大学ですが、「パース」とは、ポルトガル語で平和（paz）を意味します。

北翔大学にも「**生涯学習システム学部**」という、ちょっと意味不明な学部があります。東亜大学芸術学部にも「**トータルビューティ学科**」という美容専門学校のような学科があります。ソフトバンクが立ち上げた**サイバー大学**も「**世界遺産学部**」など何を学ぶのかに興味がありましたが、すでに廃止と決まったようです。

２０１２年度に発足した、鈴峯女子短期大学の言語文化情報学科「**日本語日本文化(^^)コース**」の顔文字も、なんと発音するのかをネットニュースがけっこう取り上げていました。学校側の説明は左図の通りです。

この顔文字、「ニコニコ」と読むんですが、あまりに奇抜な名前のせいで、１００名の定員をまったく満たせず、14年度の卒業生はわずか7名。学内からも「履歴書に学科名を書き

「漢字」＋「顔文字(^^)」のコース名のワケ

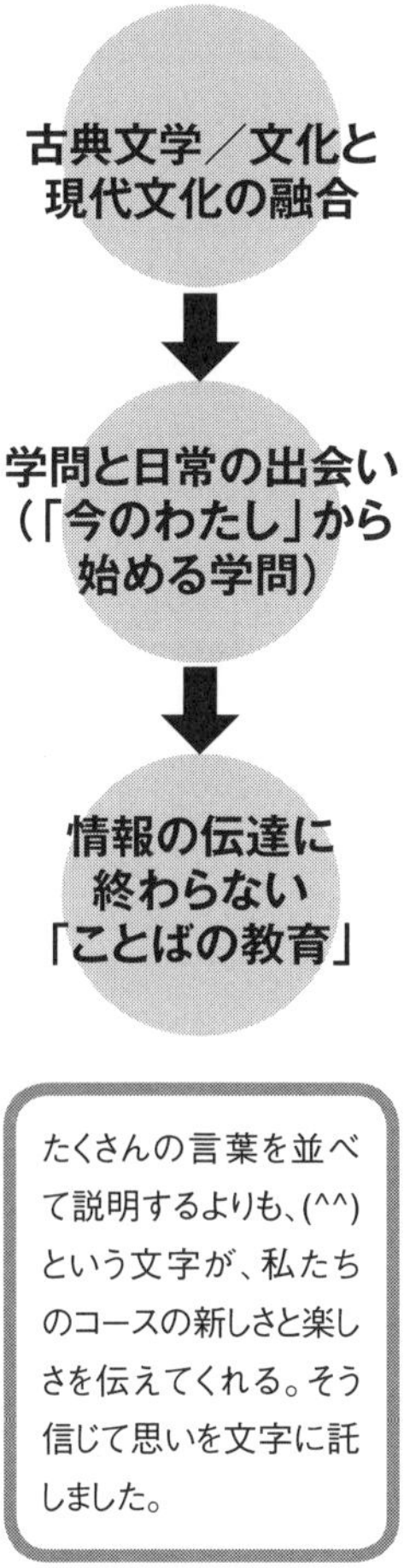
古典文学／文化と現代文化の融合
学問と日常の出会い（「今のわたし」から始める学問）
情報の伝達に終わらない「ことばの教育」
たくさんの言葉を並べて説明するよりも、(^^)という文字が、私たちのコースの新しさと楽しさを伝えてくれる。そう信じて思いを文字に託しました。

「キラキラっぽい大学名」

東《とう》亜《あ》大学
（山口県下関市）

宇部フロンティア大学
（山口県宇部市）

こども教育宝仙大学
（東京都中野区）

群馬パース大学
（群馬県高崎市）

天使《てんし》大学
（北海道札幌市）

北翔《ほくしょう》大学
（北海道江別市）

長浜バイオ大学
（滋賀県長浜市）

日本ウェルネススポーツ大学
（茨城県北相馬郡）

サイバー大学
（通信制）

「キラキラっぽい学部名」

宇都宮共和大学	「シティライフ学部」「子ども生活学部」
京都精華大学	「ポピュラーカルチャー学部」
甲南大学	「マネジメント創造学部」「フロンティアサイエンス学部」
国士舘大学	「21世紀アジア学部」
駒澤大学	「グローバル・メディア・スタディーズ学部」
佐賀大学	「芸術地域デザイン学部」
滋賀大学	「データサイエンス学部」
成城大学	「社会イノベーション学部」
帝京平成大学	「現代ライフ学部」「ヒューマンケア学部」
東京未来大学	「モチベーション行動科学部」
明海大学	「ホスピタリティー・ツーリズム学部」
和光大学	「現代人間科学部身体環境共生学科」

にくい」などの逆風があり、15年春には閉鎖されてしまいました。そこまでおかしな名前ではないけれど、北陸大学の**未来創造学部**も16年度で募集停止。

少子化で学校も生き残りに大変なのはわかりますが、明らかな迷走です。学部学科の名称がそこでの学びを定義できていない。それでは学生にモチベーションを授けられません。そもそも80年代くらいから主要大でも増えてきた**「総合」「国際」「情報」「人間」「文化」「環境」**などの文字が入る学部も、学科名を見ないことには、何を学ぶかいまだに釈然とはしませんが……。

一方、東日本大震災以降、「**危機管理学部**」も日本大学や千葉科学大学に設けられました。それぞれ設立主旨を読むと、さすがに他と違い、総合的でかつ明確な指針が見える学部です。

学歴もネーミング、なのかもしれない

〈なにをやりたいか〉をまず名前で示さないと、こんな迷走が起きます。第一、相手があなたを理解するのに時間がかかってしまう。ネーミングは短銃であり短剣。太刀のように振りかざさない。弓のようにきりきり引かない。

学歴社会に功罪はあれ、そこそこの高校や大学を出ているのなら、それで相手のコミュニ

ケーションレベルも迅速に図れる。ビジネスの上では関わる人のスペックを察知するのも、手っ取り早いほうがいい。そこで学歴＝その人の資質、また志向性と見なされても来たのです。大体、学校名を出せば察しがつく。

親しくなって、「東大出身なのに、そんなことも知らないの？」と冗談で突っ込めるのも、そのぶん優秀か努力家という前提が学歴でわかっているから。相手のスペックを把握するのにかかる時間を校名が省いてくれるのです。

逆に東大出の大工がいても、腕前との相関関係は一切立証できない。就業年数や今までどんな物件を手がけてきたかで、実力が測られるわけです。そんな経験値が学歴より勝るとされている世界はたくさんある。

ネーミングは時間をかけたコミュニケーション

直感に理論の肉付けのドリブルをし、ゴールまで運んでいく。

次章でも語るように、ネーミングも適材適所。どんなに凝っていても、そこはストンと読む側の腑に落ちなければマズい。例えば、ペットボトル入りのお茶でも元祖・伊藤園は「お～いお茶」とシンプル。しかし、ワインボトルに入った水出し高級茶の場合、「King of Green HOSHINO Super Premium」と厳めしくなる。

これは神奈川県茅ケ崎市のロイヤルブルーティージャパンが昨年暮れに先着2本のみで予約販売を開始した商品ですが、1本750㎖入りでなんと60万円もします。「日本茶を高級ブランドにする」をミッションに掲げて事業を推進してきた同社としても、最高級の品。福

King of Green HOSHINO Super Premium

神奈川県茅ケ崎市のロイヤルブルーティージャパンが昨年暮れに先着2本のみで予約販売を開始した商品だが、1本750㎖入りでなんと60万円(当時)。

岡県八女市星野村で採れる伝統本玉露「さえみどり」を使用しているそうです。

むろん「お〜いお茶」から高級感は漂いませんが、かといって、「King of…」もどうも洋酒のネーミングみたいで、日本語の冴えが伝わってこない。どうも同社は日本茶だけでなく、中国茶や紅茶も生産しているので、アルファベット表記で攻めたくなる気持ちもわからないではないですが、流通面を考えても、買ってくれるのはやはり日本人でしょう。

ともかく真っ先に確認すべきなのは、まず「**自分が何をやりたいか、それを誰に伝えたいか**」です。

本書の後段でプロセスを踏んで説明していますが、ネーミングの要諦はその点で、他の文章や会話などのコミュニケーションとなんら変わりません。ただ、ゴールに辿り着くまでにあらゆる可能性を探る。とことん資料に当たり、時に実際にフィールドワークをし、降りてくるひらめきを大切にしながらも、細かな検証を欠かさないのが、**他のコミュニケーション法と違う**点でしょう。

ロックバンドの名前も進化している？

ところで、最近の日本のロックバンド。**「ゲスの極み乙女。」**とか**「SEKAI NO OWARI」**など、これまでとずいぶん変わってきましたね。バンドの場合はインディーズでの活動が認められ、メジャーデビューに至るケースが大半で、以前ならそれっぽい名前に変えさせられたのが、最近ではほぼ放置プレイ。だから、パッと見では意味が取れない名前が多いのです。

ゲスの極み乙女。の場合、キーボード担当が美大生の友人にもらった手作りのトートバッグにプリントされていた文字「ゲスの極み」を拝借。しかし、SEKAI NO OWARIは意味深で、ボーカリストがパニック障害で閉鎖病棟に入院している際、「世界が終わったような生活を送っていた頃に残されていたのが音楽と今の仲間だったので、終わりから始めてみよう」と思ってつけたのだそうです。

それに引き換え、昔のバンド名はよくも悪くもシンプルでした。グループサウンズの頃は**「ザ・タイガース」「ザ・ジャガーズ」「オックス**（OX＝雄牛）」など獣の名前や、せいぜい**「ジャッキー吉川とブルー・コメッツ**（＝青い彗星。ロックの草分け、ビル・ヘイリー＆ヒズ・コメッツに因む）」とか、「野生児」から取った**「ザ・ワイルドワンズ」**でよかったわけです（こちらは慶應大学の先輩で親交の深い加山雄三が星占いにより命名）。「**ゴールデン・カップス**」も彼らが専属で演奏していた横浜のゴーゴー・バーの名に由来しています。

主張はそこからあまり窺えませんが、なんとなくカッコよくてバンドっぽい。私の友人で若い洋楽ファンも、「英米のバンドも往年はそうだった」と語っています。曰く、「かの**ビートルズ**だって、その名に落ち着くまで、何度も名前を変えている。それがわりとダサい」んだとか。このbeatとbeetle（カブトムシ）をかけた名が、おそらく世界初の造語バンド名でしょう。

それでは、60年代から80年代に至るまでの代表的バンドの流れを図式化（次ページ）して見てみましょうか。

「ビートルズ」になる前のバンド名

1956年4月結成

「ザ・クオリーメン」

追って、ポール・マッカートニーとジョージ・ハリソンが参加。グラマースクール「クオリー・バンク(Quarry Bank)」でジョン・レノンを中心に結成。Quarryは石切の意味。そこからRockへ。

1959年2月

「ジョニー＆ザ・ムーンドッグス」

徐々に他のメンバーが抜け、3人だけに

1959年9月

「ロング・ジョン＆シルヴァー・ビートルズ」

すでにジョンはビートルズと名乗るのを望んだが、興行主に改名を命じられる。

1960年8月

「ザ・ビートルズ」

この時はまだジョン、ポール、ジョージにスチュアート・サトクリフ（ベース）とピート・ベスト（ドラム）の5人メンバー。2年後の62年10月にレコードデビュー。※他にもファブフォー（fab four）の愛称でも呼ばれた。fabはfabulous（素晴らしい）の意。

1964年頃 〈第1次ブリティッシュ・インヴェイジョン〉起きる

ビートルズの華々しい登場で、イギリスのバンドがアメリカに進出。これを音楽産業の連中は「侵略」と恐れた。シンプルな単語が好まれ、"小さな顔役"や"庭の鳥"など意味もどこか可愛らしい。

- ジ・アニマルズ（The Animals）
- ザ・ホリーズ（The Hollies）
- ザ・ビートルズ（The Beatles）
- ザ・キンクス（The Kinks）
- ザ・ローリング・ストーンズ（The Rolling Stones）
- スモール・フェイセス（Small Faces）
- ゼム（Them）
- ザ・フー（The Who）
- ザ・ヤードバーズ（The Yardbirds）

1965年頃 アメリカンロックが花開く

イギリスから吹き込んだロックの新風に応じ、アメリカでも新しい感覚のバンドが続々誕生。ボブ・ディランのバックを務めていたザ・バンドはその単純な名を名乗る前には、リヴォン&ザ・ホークスと称していた。

- ザ・バンド（The Band）
- ザ・ビーチ・ボーイズ（The Beach Boys）
- ザ・ストゥージズ（The Stooges）
- ザ・バーズ（The Birds）
- ザ・ドアーズ（The Doors）

1967年頃 サイケデリック&サザン・ロックの時代へ（米）

60年代も後半に至ると、一気に花開いたカウンターカルチャーの影響も受け、それまでのポップロックに飽き足りない革新的なバンドがアメリカにも生まれた。1曲の長さも10分を越し、バンド名もそのぶん長くなった。

- クイックシルバー・メッセンジャー・サービス（Quicksilver Messenger Service）
- ザ・ヴェルヴェット・アンダーグラウンド（The Velvet Underground）
- ザ・マザーズ・オブ・インヴェンション（The Mothers of Invention）
- グレイトフル・デッド（Grateful Dead）
- クリーデンス・クリアウォーター・リバイバル（Creedence Clearwater Revival）
- ジ・オールマン・ブラザーズ・バンド（The Allman Brothers Band）
- ジェファーソン・エアプレイン（Jefferson Airplane）※

※後にジェファーソン・スターシップ（Jefferson Starship）、スターシップ（Starship）に改名。

60年代から80年代に至るまでの代表的ロックバンドの流れ

パンク・ニューウェーブの開幕（英米）　1970年以降

ハードロックとヘビメタの時代の後には、初期衝動で突っ走るパンクや、ビジュアル面などの個性も競うニューウェーブサウンドが全盛に。それまでのブルースを基調としたロックの音楽性を根底から覆し、複雑だったり挑発的なバンド名を多く見かける。

- ザ・クラッシュ（The Clash）
- ザ・ダムド（The Damned）
- デッド・ケネディーズ（Dead Kennedys）
- クラス（Crass）
- テレビジョン（Television）

1990年以降　ポストパンクの多様な動向とロック自体の衰退（英米）

90年代以降になると、初心に立ち返ったようなブリット・ポップの流行はあった。そのバンド名はオアシス、ブラーのようにシンプルなものが多い。同時に80年代後半に生まれたグランジやメロコア、ミクスチャーなども変わらず人気で、ロックの幅はぐんと広がり、バンドの名称にも世代固有の傾向は見出だせなくなった。

- ブラー（Blur）
- オアシス（Oasis）
- ニルヴァーナ（Nirvana）
- プライマル・スクリーム（Primal Scream）
- レディオヘッド（Radiohead）

プログレシブ・ロック期に突入（英）　1967年〜68年頃

ロックバンドが商業的にも成功を収めるようになると、その対抗意識から、ジャズやクラシックの要素を溶け込ませたプログレが特にイギリスでは流行った。メンバーの多くがインテリなので、バンド名も自ずと意味深になった。

- キング・クリムゾン（King Crimson）
- ピンク・フロイド（Pink Floyd）
- イエス（Yes）
- ジェネシス（Genesis）
- ソフト・マシーン（Soft Machine）

ハードロック&ヘビーメタルの誕生（英米）　1968年頃

70年代を目前にし、ロックはまたヘビーに進化した。その代表格がこれらのバンド。名前もまた、“鉛の飛行船”や“黒い安息日”などと重々しくも暗めだ。

- レッド・ツェッペリン（Led Zeppelin）
- グランド・ファンク・レイルロード（Grand Funk Railroad）
- ジューダス・プリースト（Judas Priest）
- ブラック・サバス（Black Sabbath）
- ブルー・オイスター・カルト（Blue Öyster Cult）

バンドは世に連れ、世はバンドに連れ

エルヴィス・プレスリーやチャック・ベリーなど、ロカビリーの時代はあくまで歌手やギタリスト個人に焦点が当たっていたのが、R&Bの影響を濃厚に受けたバンドがイギリスで台頭。その勢いを逆輸入し、アメリカでもロックバンドが全盛期を迎えました。

この図表から言えるのは、アメリカのバンドでも初期はイギリスのバンド名の影響を受けた、シンプルでストレートなネーミングが多かったこと。そして、60年代後半の時代状況もあり、ロックの表現力が一気に拡大すると、名前も複雑化したという事実です。

当時、アメリカではサイケデリックが受けたので、やたらバンド名が長くなる傾向にあった。一方のイギリスのプログレでは「**創世記**（ジェネシス）」など、ちょっとバンド名には大げさではないか——と思われる単語が使われる。ところが、保守党が長期政権を握る70年代後半になると、若者の不満が爆発し、パンク・ムーヴメントが発生。**衝突**（Clash）や**亡者**（Damned）、**階級**（Class）などバンド名もそれらしくなって来るのです。

アメリカでも、**Dead Kennedys**など「死んだケネディ一家」という意味ですから、初期はインディーズでしかアルバムを発売できませんでした。また、イギリスの**Joy Division**はナチス・ドイツの強制収容所内に設けられた慰安所に由来するなど、かなりシニカル

パール・ジャム

リーダー、エディ・ヴェダーの祖母の作ったジャムを指す。彼女が先住民だったため、幻覚作用を起こすペヨーテというサボテンを使っており、そのせいで「真珠」の夢を見たというのが真相らしい……。

なのです。

しかし、そんなパンク・ニューウェーブ期に覆い被さるように、〈第2次ブリティッシュ・インヴェイジョン〉と呼ばれた、「**デュランデュラン**」や「**カルチャー・クラブ**」などポップス系統のグループの全米チャート席巻がありました。彼らはサウンドもですが、名前もなんとなく軽い。

それが90年代に入ると、再びイギリスでは「ブリットポップ」と呼ばれた、正統的なロックサウンドが復活し、その2大バンド、「**オアシス**」と「**ブラー**（＝かすみ目）」は実にストレートなネーミングに回帰しています。同時代のアメリカのグランジもそうで、代表的なバンドは「**ニルヴァーナ**（＝涅槃）」に「**パール・ジャム**」、それに「**ピクシーズ**（＝妖精）」などやはりシンプルかつ意味深です。

日本のバンド名には言葉遊びの要素が強い

日本のバンドも60年代後期以降、こうした欧米の影響を受け、多少複雑化します。でも、同時にフォークが大隆盛を迎えていましたから、「五つの赤い風船」とか「赤い鳥」、「ふきのとう」などの格別深い意味は持たない、純和風ネーミングが罷《まか》り通っていました。

そんな中、「**サディスティック・ミカ・バンド**」などはジョン・レノンの「プラスティック・オノ・バンド」にあやかりつつも、ボーカルの加藤ミカの魚の料理の仕方が〝残酷（＝サディスティック）〟だったことから、その名を付けています。

「**サザンオールスターズ**」も桑田圭佑の友人が考えてくれた名前だそう。彼が当時夢中になっていたサザン・ロックと、ちょうど来日していたサルサの「ファニア・オールスターズ」をくっつけたわけです。なるほど、初期のサウンドにはそんな粘っこさもありましたね。

面白いのがドゥワップの**RATS&STAR**。「ドブネズミのような俺たちでも、いつかは夜空に輝く星のようになってみせる」との意味ですが、逆さに読んでも同じ回文ネーミングです。もっとも、このバンド、最初は「**シャネルズ**（CHANELS）」と名乗っていました。憧れのグループだったアメリカのオールディーズバンド「シャ・ナ・ナ（Sha na na）」とドゥーワップグループ「ザ・チャンネルズ（The Channels）」にあやかったのだそうです。

ラップグループの「**スチャダラパー**」など、往年のギャグ「スチャラカ」と「スーダラ」にラッパーをくっつけたネーミング。そんな風に気取りが全然ないのが長持ちの秘訣でしょうか。

最近のバンドでは、「**ONE OK ROCK**」などは明快な名づけ。結成当時、練習スタジオに入るのが深夜パックで料金が安くなる毎週末の午前1時（one o'clock）だったの

筋肉少女帯	リーダーの大槻ケンヂがボディビルやプロレスを見て憧れていた「筋肉」に、女性グループだと勘違いして客が集まる効果を期待して「少女隊」をつけたが、すでに同名アイドルグループがいたので、最後を「帯」に変えた。
LUNA SEA	かつてはLUNACY（狂気）と表記していたが、メジャーデビューを機にLUNA（月）＋SEA（海）に変更。「BOØWY」もこのパターンで、「暴威」が転じた。
ウルフルズ	あるCDの帯に書いてあった「ソウルフル」の文字が「ソ」の次で改行され、「ウルフル」の文字がリーダー、トータス松本の目に焼き付いた。
スピッツ	犬種だが、リーダーの草野マサムネがその短くて可愛い響きを気に入っていた。ドイツ語で「トガっている」という意味もあると知ってつけた。
Dragon Ash	英語の“drag on（だらだらする）”に由来。リーダーの降谷建志が『ドラゴンボール』好きで、これでdragonと読ませたかったが、drugとの誤読を避け、ashをつけた。
Kiroro	デュオの片割れ、玉城千春が小学生の時に北海道へ行って耳にした言葉。アイヌ語で「心強い」「誠実」「潔い」などの意味がある。
L’Arc～en～Ciel	フランス語で「空の橋」、すなわち虹を意味する。地元の大阪は梅田の地下街にある喫茶店からのいただきとのこと。
スキマスイッチ	大橋卓弥と常田真太郎によるポップユニットだが、常田の部屋で目に付いた「隙間」と電灯の「スイッチ」を組み合わせた。
BUMP OF CHICKEN	メンバーが作った造語で、「臆病者の一撃」という意味。自分らみたいな臆病者でも何かできる――という決意が込められている。
ケツメイシ	メンバー4人中2人が東京薬科大学の出身で、中国で下剤などに使用される薬草の名前「決明子」を採用。薬草の効用になぞらえ、「全てを出し尽くす」という意味を後づけで込めたが、当初は薬学事典の適当なページを開き、真っ先に目に飛び込んだ項目を名前にしただけだったそう。
レミオロメン	高校で同級だったメンバー3人でジャンケンをし、勝った順に1文字、2文字、3文字とつけた結果がレ＋ミオ＋ロメン。一人が大ファンであるイギリスのバンド「レディオヘッド」からレを、一人が彼女の名前と自分の名前から「ミオ」、一人が好きな路面電車から「ロメン」を選んだという。
RADWIMPS	「RAD」は英語でradicalの略語で、意味は「素晴らしい」「最高」になる。「WIMP」も口語で「意気地なし」「弱虫」の意味。その2つをくっつけ、「かっこいい弱虫」という逆説的な名にした。

THE GOOD BYE

たのきんトリオのよっちゃんこと野村義男が結成した「THE GOOD BYE」も、相談で集まってもバンド名がなかなか決まらず、とりあえずその日は解散しようと別れの挨拶をしたところ、「じゃ、グッバイ」「お、それいいね」とすんなり決まったとのこと。

シャネルズ

バンド名の舞台裏

デビューから5ヶ月、人気急上昇中の80年7月にセックス・スキャンダルを起こしてしまう。そこで半年の謹慎を経て、いったん表記を「SHANELS」に改め、その後すぐにRATS&STARを名乗る。その経緯にはフランスの高級ブランド・CHANEL社からの物言いもあったと言われているが、リーダーの鈴木雅之は「CHANELS」では「チャネルズ」と読まれてしまうため——と理由を述べている。

で、そこにOKとROCKをかけ合わせた。命名は初代のドラマーだそうで、「ある日、作成しよう」と駄洒落をバンド名にした、あの「**RCサクセション**」をどこか彷彿とさせます。

小学校で生物係だったことから採った「**いきものがかり**」もこれに近い。当初はデュオだった、このグループの男性2人は小・中・高校と同じ学校に通った幼なじみ。そして、2人とも小学1年生の時に金魚に餌をあげる「生き物係」を一緒にしていたのが由来です。

けっこうここにも自在な日本語の造語力を感じ、また意味の奥深さも思い知らされます。

興味深い語源のミュージシャン名

ヘビーメタルとベビーをかけて「**BABYMETAL**」、あるいはサカナ＋アクションで、「魚のように急な動きに対応できるバンドになりたい」との願いを込めたという「**サカナクション**」くらいなら語源もすぐ想像がつきます。

きゃりーぱみゅぱみゅの正式名は「きゃろらいんちゃろんぷろっぷきゃりー

ぱみゅぱみゅ」ですからね。まるでバンド名です。これは高校生時分、外国人を意識したファッションを好み、よく金髪のウィッグを被っていたため、友達から冗談で「キャリー」と呼ばれていたことに因むそう。「ぱみゅぱみゅ」はお笑い芸人のサバンナの片方の八木真澄の一発ギャグ「ぱみゅ」が由来。響きのかわいさから採用したようです。

そんなきゃりーが今、世界中で日本のポップ・カルチャーの代表として受け容れられている。それは仮に**日本語のままのネーミングでも、どこか突き抜けていれば、国際語になるという可能性を示唆しているかもしれません。**

第2章

ネーミングの
キーポイント

適材適所を考えたネーミング考察

2015年間ベストセラー（集計期間:2014.11.27〜2015.11.26）　（出典）日販調べ

	書名	著者	出版社
総合			
1	火花	又吉直樹	文藝春秋
2	フランス人は10着しか服を持たない	ジェニファー・L・スコット 神崎朗子訳	大和書房
3	家族という病	下重暁子	幻冬舎
4	聞くだけで自律神経が整うCDブック	小林弘幸 大矢たけはる	アスコム
5	一〇三歳になってわかったこと　人生は一人でも面白い	篠田桃紅	幻冬舎
6	置かれた場所で咲きなさい	渡辺和子	幻冬舎
7	新・人間革命（27）	池田大作	聖教新聞社
8	智慧の法　心のダイヤモンドを輝かせよ	大川隆法	幸福の科学出版
9	人間の分際	曽野綾子	幻冬舎
10	感情的にならない本	和田秀樹	新講社
次点	学年ビリのギャルが1年で偏差値を40上げて慶應大学に現役合格した話	坪田信貴	KADOKAWA

売れ筋の本のタイトルがやたらと長くなっている！

2016年の書籍ベストセラーを見ると、年間総合ランキングこそ、石原慎太郎が政敵・田中角栄を論じた『天才』（幻冬舎）が1位ですが、ビジネス書や実用書の分野だと、いささか冗長なタイトルの本が多く、実用書2位の『**どんなに体がかたい人でもベターッと開脚できるようになるすごい方法**』（サンマーク出版）なんて覚えきれないほど長い。

表紙や背表紙はタイトルの文字でびっしり埋まり、物によっては内容がそれだけで察せられてしまい、読む気も失せるほどです。いったいどういうことなんでしょうか？

15年度総合を見ても、1位は芥川賞受賞作の又

2016年間ベストセラー（集計期間:2015.11.27～2016.11.25）　（出典）日販調べ

	書名	著者	出版社
総合			
1	天才	石原慎太郎	幻冬舎
2	おやすみ、ロジャー　魔法のぐっすり絵本	カール＝ヨハン・エリーン　三橋美穂監訳	飛鳥新社
3	ハリー・ポッターと呪いの子 第一部・第二部　特別リハーサル版	J.K.ローリング　ジョン・ティファニーほか	静山社
4	君の膵臓をたべたい	住野よる	双葉社
5	嫌われる勇気	岸見一郎 古賀史健	ダイヤモンド社
6	どんなに体がかたい人でもベターッと開脚できるようになるすごい方法	Eiko	サンマーク出版
7	羊と鋼の森	宮下奈都	文藝春秋
8	コンビニ人間	村田沙耶香	文藝春秋
9	正義の法	大川隆法	幸福の科学出版
10	新・人間革命（28）	池田大作	聖教新聞社
実用書			
1	おやすみ、ロジャー　魔法のぐっすり絵本	カール＝ヨハン・エリーン　三橋美穂監訳	飛鳥新社
2	どんなに体がかたい人でもベターッと開脚できるようになるすごい方法	Eiko	サンマーク出版
3	つくおき　週末まとめて作り置きレシピ	nozomi	光文社
4	聞くだけで自律神経が整うCDブック	小林弘幸／大矢たけはる	アスコム
5	自律神経を整えるぬり絵	小林弘幸／藤田有紀	アスコム
6	もっとつくおき　もっとかんたん、もっとおいしい	nozomi	光文社
7	すごい家事	松橋周太呂	ワニブックス
8	ひみつの花園	ジョハンナ・バスフォード	グラフィック社
9	オトナ女子の不調をなくす　カラダにいいこと大全	小池弘人	サンクチュアリ出版
10	「朝つめるだけ」で簡単！　作りおきのラクうま弁当350	平岡淳子	ナツメ社
ビジネス書			
1	嫌われる勇気	岸見一郎 古賀史健	ダイヤモンド社
2	超一流の雑談力	安田正	文響社
3	結局、「すぐやる人」がすべてを手に入れる	藤由達藏	青春出版社
4	幸せになる勇気	岸見一郎／古賀史健	ダイヤモンド社
5	身近な人が亡くなった後の手続のすべて	児島明日美 福田真弓ほか	自由国民社
6	自分を操る超集中力	DaiGo	かんき出版
7	大学4年間の経済学が10時間でざっと学べる	井堀利宏	KADOKAWA
8	一流の育て方	ムーギー・キム ミセス・パンプキン	ダイヤモンド社
9	はじめての人のための3000円投資生活	横山光昭	アスコム
10	自分を変える習慣力	三浦将	クロスメディア・パブリッシング発行　インプレス発売

吉直樹の『火花』ですが、2位は**『フランス人は10着しか服を持たない』**になります。通称『ビリギャル』として知られる、11位の**『学年ビリのギャルが1年で偏差値を40上げて慶應大学に現役合格した話』**（KADOKAWA）は14年度総合4位。ちなみにその年の1位は**『長生きしたけりゃふくらはぎをもみなさい』**（アスコム）です。

ラノベのヒット作がタイトル長文化に火を付けた

説明不足より過剰のほうがまだまし——とでも言うのか、フィクションのタイトルも冗長化しています。特に長いタイトルが目立つのは若者向けのライトノベルの分野ですね。16年度の売上げベスト10を見ると、大ヒットした映画のノベライゼーション、『小説 君の名は。』はさておき、ランキング上位のタイトルが副題まで入れると、驚異的に長い。

ライトノベルは昔のジュヴナイル、ティーン向け小説の類を指すのですが、そこに20〜30代の成人男子でも楽しめるようなファンタジーやSF、ラブコメの要素が流れ込んできた。一般的には1992年、メディアワークス（現KADOKAWA、以下も特記ない場合、同社刊）の電撃文庫創刊に始まるとされます。漫画家や萌え系イラストレーターの挿絵を多用するのが原則で、そのせいか登場人物のキャラクターや世界観の設定がかなり事前に固定化

ライトノベル2016ランキング（調査期間:2015/12/7付〜2016/11/28付）　（出典）オリコン調べ

1	小説 君の名は。	KADOKAWA
2	この素晴らしい世界に祝福を! 10 ギャンブル・スクランブル!	KADOKAWA
3	Re:ゼロから始める異世界生活10	KADOKAWA
4	ソードアート・オンライン 17 アリシゼーション・アウェイクニング	KADOKAWA
5	ノーゲーム・ノーライフ 8 ゲーマーたちは布石を継いでいくそうです	KADOKAWA
6	魔法科高校の劣等生 19 師族会議編 下	KADOKAWA
7	オーバーロード 11 山小人の工匠	KADOKAWA
8	撫物語	講談社
9	ダンジョンに出会いを求めるのは間違っているだろうか 9	SBクリエイティブ
10	告白予行練習	KADOKAWA

している。

漫画感覚で読めるけれど、読者にあまり**行間を読む想像力を働かせない。だからタイトルも説明過剰**でいいのか――とくに読みもせず、私も最初はそう思っていました。

しかし、14年11月12日付の日経電子版『ことばオンライン』の取材に応じた講談社ラノベ文庫編集長の猪熊泰則さんによれば、ライトノベルも以前は『とらドラ！』など、「読んだときの音の響きが良い4文字のタイトル」が流行っていたのだとか。当時は女子校の軽音楽部を舞台にした、アニメの『けいおん！』も人気でしたからね。

同書のヒットが06年。それが08年に電撃文庫から出た『**俺の妹がこんなに可愛いわけがない**』のバカ売れで状況が変わります。その累計発行部数は全12巻で500万部。それでは他の出版社も真似しないわけにいきません。この分野で**説明口調のタイトルが一気に増えた**所以です。

確かに、宝島社が04年から年1回発行するガイドブック、

『このライトノベルがすごい！』に『俺妹』がランキング入りする11年度前後から、この傾向は顕著です。昨年度にランクインした、**『終末なにしてますか？ 忙しいですか？ 救ってもらっていいですか？』**なんて30字もあります。

２０１７年３月発売の、**『縫い上げ！ 脱がして？ 着せかえる!! 彼女が高校デビューに失敗して引きこもりと化したので、俺が青春をコーディネートすることに。』**だそうで、ついに計69字と、それまでの『男子高校生で売れっ子ライトノベル作家をしているけれど、年下のクラスメイトで声優の女の子に首を絞められている。』（14年１月刊）の54字を抜いて、プラス15字での堂々記録更新です。

タイトルを盛り過ぎて、中味が追いつかないジレンマ

『縫い上げ！～』はデザイナー志望の少年が主人公。タイトル通り、引きこもりの少女をマヌカンにしてあれこれ接触するわけですが、そうした行為を全部タイトルに〝盛って〟しまっている。しかも、Ａｍａｚｏｎのレビューを見ると、どうも現時点では「タイトルに偽りあり」らしい。

電撃文庫のサイトからさわりが試し読みできるのですが、なるほどレビュワーが指摘する

『このライトノベルがすごい！』(宝島社)の歴代作品ランキング

2013年度	
1	ソードアート・オンライン
2	とある魔術の禁書目録
3	六花の勇者
4	バカとテストと召喚獣
5	俺の妹がこんなに可愛いわけがない
6	やはり俺の青春ラブコメはまちがっている。
7	デュラララ!!
8	東雲侑子は短編小説をあいしている
9	サクラダリセット
10	境界線上のホライゾン

2014年度	
1	やはり俺の青春ラブコメはまちがっている。
2	ねじ巻き精霊戦記 天鏡のアルデラミン
3	とある魔術の禁書目録
4	ダンジョンに出会いを求めるのは間違っているだろうか
5	ソードアート・オンライン
6	はたらく魔王さま!
7	東京レイヴンズ
8	六花の勇者
9	俺の妹がこんなに可愛いわけがない
10	ノーゲーム・ノーライフ

2015年度	
1	やはり俺の青春ラブコメはまちがっている。
2	ソードアート・オンライン
3	ノーゲーム・ノーライフ
4	とある魔術の禁書目録
5	後宮楽園球場 ハレムリーグ・ベースボール
6	絶深海のソラリス
7	エスケヱプ・スピヰド
8	とある飛空士への誓約
9	この恋と、その未来。
10	ねじ巻き精霊戦記 天鏡のアルデラミン

2016年度	
1	やはり俺の青春ラブコメはまちがっている。
2	ソードアート・オンライン
3	ねじ巻き精霊戦記 天鏡のアルデラミン
4	エイルン・ラストコード ～架空世界より戦場へ～
5	終末なにしてますか? 忙しいですか? 救ってもらっていいですか?
6	ノーゲーム・ノーライフ
7	とある魔術の禁書目録
8	ダンジョンに出会いを求めるのは間違っているだろうか
9	冴えない彼女の育て方
10	エスケヱプ・スピヰド

ように、肝心の裁縫の描写が手薄かも。これじゃ、タイトルに文字てんこ盛りの甲斐がない。採寸や試着だけでなく、ファッションの面白さは実は裁断と縫製にある。そこを官能的に書ければ……みたいな期待感を持つ読者がいるんですね。パトリス・ルコント監督のフランス映画『仕立て屋の恋』なんて、その辺も手際よく描けていましたが……。

しかし、こう見ると、ラノベ読者の知的水準もけっこう高そうなのに、どうしてそんなにタイトルが説明的なんだろう。**『とある魔術のヘヴィーな座敷童が簡単な殺人妃の婚活事情』**となると、意味さえ取れない。現代詩の題みたいだ。こうした傾向に対し、今年1月12日の香港「頭条日報」には、「翻訳者が怒り出すレベル」との記事も掲載されています。

前掲の日経の記事にも、「**どんなに長くなっても、読者が略称をつけてくれる**」との編集者の意見がありました。それが売れ行きのバロメーターにもなると。例の『**もし高校野球の女子マネージャーがドラッカーの「マネジメント」を読んだら**』（ダイヤモンド社・09年刊）を『もしドラ』と呼んだパターンですね。今や出版社側も「タイトルの字数に制限はない」とも考えているそうです。

でも、最初からニックネームがつくことなど期待しちゃ、売れなかった時がキツい。ラノベファンの掲示板にも、「最近のラノベは冗長タイトルばっかりで面白そうなのかどうなのか分からなくて買わないまま本屋を出ることが増えてきた……」などと書き込まれています。

この冗長タイトルがやがてコミック化し、テレビアニメとなり、映画版が劇場公開もされる。チケット売り場で「**『富士見二丁目交響楽団シリーズ　寒冷前線コンダクター』**、1枚ください」とはまず言わないでしょう。略称も「フジミ」だそう。だったら、最初からそうしておけば、「不死身（の楽団）」という二重の意味も込められそうなもんです。

内容が完全にわからないと手を出さない実用書読者

ラノベと並び、長いタイトルの本が多いのが実用書・ビジネス書の分野。これも「**『さおだけ屋はなぜ潰れないのか？　身近な疑問からはじめる会計学』**（光文社新書・05年刊）のメガヒットをきっかけに、説明型タイトルが増えました。これも決して『身近な疑問からはじめる会計学』の副題が『さおだけ屋はなぜ潰れないか?』じゃないんですね。『なぜ、社長のベンツは4ドアなのか?』（フォレスト出版）と言われても、それは運転手付きだからじゃないの？　と思うくらいですが、これも会計学本として翌年にヒットしました。**『誰とでも　15分以上　会話がとぎれない！話し方66のルール』**（すばる舎）は『もしドラ』に次ぐ、2010年上半期のランキング第2位ですが、同書を関係者以外誰も『誰15』などと略称で呼ばないはずです。

なぜ書名に問いかけが増えているのか？

ネットットの影響で、本の内容をすぐにつかみたい、せっかちな読者が増えたから！

この分野で長いタイトルの書籍が多くなったのにも背景があります。それは長引く出版不況。書籍の出版点数自体はこの数年で持ち返し、8万タイトル超えで推移こそしておれ、出版取次業者経由の書籍販売額は、昨年度が前年比0・7％減の7370億円。ピーク時の1996年と比較すると3000億円以上も減っている。

ネットメディアの拡充で、人々はますます読書をしなくなりました。雑誌のほうがさらに深刻で、前年比5・9％減の7339億円と、雑誌の販売金額が書籍を上回る、「雑高書低」が41年ぶりに逆転しました。

書籍を出版しても数は売れない。しかも、実用書やビジネス書では各社とも、2匹目、3匹目のドジョウを狙い、同工異曲の書籍を出版しがち。そこで**唯一の差別化の方法がタイトル**でしかなくなる。斬り口をタイトルにズバッと謳うことで、自ずと字数も増えてしまう。

そして、Amazonなどのネット通販が今や書籍販売総額の1割を占める。そこでもタイトルから簡易に内容が把握できないと、読者にスルーされてしまうリスクが高い。タイトルが〝まんま〟内容説明に終始するのも、編集者の創意工夫が足りないだけではないのです。

先の日経の記事では、『長生きしたけりゃ……』の版元、アスコム編集部部長の柿内尚文さんがさらにこう指摘しています。

「**読者は自分に関係があることにしか関心を払わなくなっている**」

ネット・コミュニケーションの多様化により、読者が受け取る情報の総量が年々増えている。だから、ネット記事の感覚で書籍に接し、要不要を瞬時に判断する。直球がすべてで、**思わせぶりなタイトルでは通用しない**と言うのです。

柿内さんによれば、読者に書籍の内容を具体的につかませるには、「タイトルに数字を入れるのもポイント」だそう。『ズボラでも血糖値がみるみる下がる57の方法』『医者に殺されない47の心得』と、確かに同社は数字入りのタイトルの本をヒットさせてきた実績があります。

こうして具体的な問題提示をする必要が差し迫っているため、ビジネス書や実用書のタイトルでは「なぜ？・」が連呼されるのです。しかし、一般の商品が疑問文では信用に欠ける。謎かけはあっていいが、ただ疑問を提示したところで仕方ない。そこは踏まえなければなりません。原則的に**ネーミングとは問いではなく、答え**だからです。あるいは**問いであると同時に答え**でなければならないのです。

映画史上最長のタイトルにも略称はある

しかし、映画には以前にも長いタイトルの作品はありました。

ヴァイスの長い戯曲タイトル

ヴァイスはもっと長い題名の戯曲も書いている。『被抑圧者の抑圧者に対する武力闘争の必然性の実例としてのベトナムにおける長期にわたる解放戦争の前史と過程ならびに革命の基礎を根絶せんとするアメリカ合衆国の試みについての討論』、略して『ベトナム討論』といい、68年に日本でも翻訳が出ている。

ギネスブックが最長認定しているのは、**『マルキ・ド・サドの演出のもとにシャラントン精神病院患者たちによって演じられたジャン＝ポール・マラーの迫害と暗殺』**。日本語で51字、英語だと126字です！　それでもまだ日本語は嵩《かさ》張らないんだな——と妙な感心をしてしまいます。

しかし、通称『マラー／サド』と呼ばれるこの作品は、実験性に富んでいる（精神病院でマルキ・ド・サド侯爵が患者たちを使って上演するという設定）とはいえ、立派な商業作品です。1964年に初上演されたドイツの劇作家ペーター・ヴァイスによる戯曲を、イギリスを代表する演出家、ピーター・ブルックが著名な役者を集めて映画化し、67年（日本では68年）に公開されています。

60年代の終わりは、今ではインディーズ扱いはおろか、公開さえ見送られそうな映画が大手を振って罷り通っていた。邦画でも『略称・連続射殺魔』と呼ばれる奇妙な作品が69年に製作されながら、5年以上もお蔵入りしていました。

この作品の正式な題名は、**『去年の秋、4つの都市で同じ拳銃を使った4つの殺人事件があった。今年の春、19歳の少年が逮捕された。彼は連続射殺魔と呼ばれた。』**です。これで60字あります。68年にタイトル通りの事件を起こし、97年に死刑となった永山則夫が足跡を残した土地を訪ね歩くだけの、監督の足立正生によれば「風景映画」。

最長の邦画タイトル!?

2008年公開の『HEY JAPANESE! Do you believe PEACE, LOVE and UNDERSTANDING? 2008　2008年、イマドキジャパニーズよ。愛と平和と理解を信じるかい?』が今では最長の邦画タイトルだと言われている。これも通称は『ヘイジャパ!』。でも、全然話題にならなかったのでは?

だから、元々のタイトルが大事なんだ——という気がします。映像がただの風景の羅列だからこそ、観客は自由に、不幸な生い立ちゆえに刹那的な殺人を重ねてしまった少年の生き様に想いを馳せます。事件は起きてしまったのだから、取り返しはつかない。しかし、どうして？——と寒々とした永山の生まれ故郷の光景に身を浸しながら考えます。

わかりづらい洋画のタイトルに適切な邦題をつけてみる

ネーミングは事実の他を語ってはならないし、見る人から想像力を奪ってはなりません。しかし、製作者がつけるタイトルこそ作品の意図と言っても、映画も洋画の場合、昔からあまりに長ければ、短い邦題に付け替えられるのが慣例でした。これがすごくネーミングの勉強になるんです。

昔の映画宣伝マンは外国語にもだが、母国語に長けた人が多かった。一方、今の邦題はかなりが原題のままです。それだけみんな英語が達者になったのか……。怪しいもんです。例えば『**スター・ウォーズ**』シリーズさえ、99年からの新3部作の1作目は『エピソード1　／ファントム・メナス』と来ました。15年からの続三部作を含め、他のすべての作品の副題が邦訳されているのに、これだけ違うのはやはり不親切でした。

"The Phantom Menace" の意味は「見えざる脅威」といったところ。そうわかれば、内容のいまいち曖昧模糊とした点も許せなくはない。しかし、原題で英語を覚えてしまう——というのはアリでしょうが、この2つの単語はそれぞれ英検1級、準1級レベルなんです。

かつては「エクソシスト」は霊媒師、「ジョーズ」は顎と題名で英語も覚えたもの。ただ、ちょっと前にそこそこヒットした作品ですが、『バーティカル・リミット』(2000)や『コラテラル・ダメージ』(2002) は原題そのままだとさすがに通じない。いずれも直訳すれば、「垂直(高度)の限界」、「やむを得ない犠牲」あるいは「巻き添え」。

前者は山を捨てた登山家がK2で遭難した妹の救助に向かう山岳物で、後者は妻子をテロで殺されたシュワちゃん扮する消防士が、コロンビアに単身乗り込んでゲリラ組織と闘う話です。さて、皆さんだったら、どんな邦題をつけますかね……。

『バーティカル〜』なら『山頂のリミット』『天を衝く男たち』……。『コラテラル〜』なら『復讐のゴーディー(主人公の名)』かいっそ『怒りのファイアマン』……? どちらも思いきりB級っぽくなっちゃいますね。けっこう難しいもんだ。

『素晴らしきヒコーキ野郎』

『マラ／サド』に次いで、日本で一般公開された長大な原題の映画と言えば、石原裕次郎も出演した65年のイギリス映画『素晴らしきヒコーキ野郎』。原題は"Those Magnificent Men in Their Flying Machines, or How I Flew from London to Paris in 25 hours 11 Minutes"だから、『この素敵な連中、また私はいかにロンドンからパリまで25時間11分で飛んだのか?』。ラノベ並みに長い。これを『素晴らしきヒコーキ野郎』と縮めたセンスは賞賛に値する。

邦題作成には翻訳力より読解力が必要？

映画評論家の町山智浩さんは映画や記事のタイトルづけに関して、14年1月末にこうツィートしています。これがネーミング法則そのものなので、覚えておきたい。

「『意味の病』と呼んでいるんだけど、編集者に原稿の見出しをつけさせると原稿の内容を要約しようとするから、「そうじゃなくて**文中から口に出した時インパクトのある言葉を拾う**んだよ」と注意する。映画の題名も意味よりも言葉としてインパクトがあれば耳や目に残り、すぐに口が覚えて広がっていく」（強調は筆者）

映画なら作品の内容だけでなく、重要な舞台や台詞、主人公の名前から採るのもアリ。商品だったらジャンルやコンセプトに限らず、素材やテイストやテクスチャーで攻める。ともかくここでも作品ありき――なわけです。町山智浩さんの言う、「**原稿の見出しは文中、映画のタイトルは劇中からの引用でつける**、というルールはできるだけ守らないと」（強調は筆者）はまったく正しい。

それから、大胆な意訳も時には必要です。"How to Steal a Million"（100万ドルを盗むには）を『おしゃれ泥棒』と訳した人はきっと未来永劫、主演のオードリー・ヘップバーンがファッション・アイコンになると確信できていたのでしょう。

洋画の邦題にはネーミングのヒントがいっぱい!

原題や内容に拘泥せず、印象的な場面や台詞を時にタイトルにしても構わない。

2015年のSF大作『オデッセイ』の原題は〝The Martian〟。主人公は火星の基地に1人取り残され、農作物まで作って生き伸びようとします。そこで自分は火星の土地の所有権を持った最初の人間、つまり「火星人なんだ」と自嘲気味に語ります。

でも、これを「マーシアン」とカタカナのタイトルにしたら、なんのことやらわからない。だからって、「火星人」もあり得ない。だったら、SF映画の古典『2001年宇宙の旅』の原題〝2001: A Space Odyssey〟に因みつつ、ホメロスの叙事詩『オデュッセイア』の壮大な物語にも敬意を表し、邦題をつけたのでしょう。オデッセイには実際、長い放浪や遍歴の意味があります。

やはりSF映画の近年の金字塔である『ゼロ・グラビティ』(2013)の原題は単に〝Gravity〟で、重力の意味です。そこに〝ゼロ〟をつけるのはまるで逆の意味になるので無謀といえる。しかし、最後の最後で原題の意味がわかるにせよ、英語がそこまで得意でない日本人にとって、全編ほとんど無重力状態を疑似体験する本作の内容は、やはり「重力ゼロ」でよいのかもしれません。

ドイツ映画の佳作『善き人のためのソナタ』(2006)も原題は〝Das Leben der Anderen〟(他人の生活)。旧東ドイツの軍人が上司の命令で反体制派の劇作家のアパートを盗聴する話ですから、それでまずは正解。ところが、物語のターニングポイントはまさに劇中登場する「善き人のためのソナタ」という曲なのです。楽譜にそうあるから、既存の曲かと思いきや、実はこれが映画用のオリジナルと、非常に凝っています。そこを逃さず邦題にした担当者は、この作品を心から愛していると思いました。

ロングタイトル洋画邦題4選

『博士の異常な愛情／
または私は如何にして心配するのを止めて
水爆を愛するようになったか』

1964・米

キューブリック監督のブラックな傑作。原題の冒頭は「ストレンジラブ博士」だが、これを今のように訳した宣伝担当のセンスにも脱帽！

『ウディ・アレンの誰でも知りたがっている
くせにちょっと聞きにくい
SEXのすべてについて教えましょう』

1972・米

初期のアレンのオムニバス・コメディで、原題もほぼ同じ。日本では約10年後に公開された。

『マイドク/いかにしてマイケルは
ドクターハウエルと改造人間軍団に
頭蓋骨病院で戦いを挑んだか』

1984・ニュージーランド

原題は「Death Warmed Up（警告された死）」とシンプル。明らかに配給会社の悪ノリですね。

『テハンノで売春していてバラバラ殺人に
あった女子高生、まだテハンノにいる』

2000・韓国

原題通りだが、アメリカではまず劇場公開版が"Teenage Hooker Becomes a Killing Machine"、DVDだと単に"Killing Machine"に短縮された。

口語ネーミングも映画では戦後すぐからあった

考えてみれば、文章題も口語題も映画、それも洋画の邦題が先駆者でした。ちょっと懐かしい、優れものの映画のタイトルを表にしてみます。

こうして振り返ると、日本の映画興業がつねにタイトルの上でも、観客重視を貫いてきたのがわかります。特にフランス映画は昔から邦題が見事。『勝手にしやがれ』など、後には沢田研二の歌の題にもなっていますね。当時のこうしたヌーヴェルバーグ作品を紹介したのは新外映という配給会社で、パリに留学経験もあるエッセイストの秦早穂子さんが大方の邦題を手がけていたのですが、これも彼女の手になります。また、フランソワ・トリュフォー監督の映画は直訳題も多いが、いくつかの作品は**意訳でしかなし得ない、独特の雰囲気**を醸しています。

いやぁー、映画（のタイトル）って本当にいいもんですね。

実は大昔、ピンク映画で使われる固有の用語の分類を試みたこともあります。ネーミングのパターン分析に役立つと思ったからです。しかし、似通った言葉の組み合わせでは、やはり記憶にいつまでも残るタイトルは生まれないと気づいた。

ヤクザ（ことに任侠）映画も同様です。だから、『仁義なき戦い』（１９７３・東映）の作

ちょっと懐かしい、優れものの映画のタイトル

"Lola Montès(ローラ・モンテス)" ⇒『歴史は女で作られる』(1956・仏)	ルートヴィヒ1世をはじめ、数々のセレブと浮き名を流した実在のダンサーの一代記ゆえに、このタイトル。
"Des gens sans importance (重要でもない人々)" ⇒『ヘッドライト』(1956・仏)	中年トラック運転手と若い娘の道ならぬ恋を乾いたタッチで描く。車を連想させる象徴的な創作タイトル。
"À bout de souffle(息切れ)" →『勝手にしやがれ』(1959・仏)	作品の奔放さを見事な口語タイトルに。冒頭の台詞「海が嫌いなら、山が嫌いなら、都会が嫌いなら…、勝手にしやがれ!」に基づく。
"Les Quatre Cents Coups (400発のパンチ=やんちゃ騒ぎ)" ⇒『大人は判ってくれない』(1960・仏)	監督の自伝的な、行き場のない不良少年の話だが、大人には判るまい—という作品の挑戦的姿勢をそのままタイトルにした。
"Rocco e i suoi fratelli(ロッコとその兄弟)" ⇒『若者のすべて』(1960・伊)	貧困層出身の兄弟間の愛情と確執を叙事詩的に描いたゆえに…。
"The Apartment" ⇒『アパートの鍵貸します』(1960・米)	ただ「アパート」じゃ、作品のシニカルだが、暖かな空気が出ない。こうした口語体が喜劇邦題の基本となった。
"Fantastic Voyage(幻想の旅)" ⇒『ミクロの決死圏』(1966・米)	原題のままでは、東西体制対立の中、ミクロ化した潜航艇に乗って人体に入る—という内容の斬新さが半分も伝わらない。
"Bonnie and Clyde(ボニーとクライド)" ⇒『俺たちに明日はない』(1967・米)	20年代の伝説のギャング・カップルが主役だが、まったくの創作ながら、作品の衝動感にピッタリ。この手のタイトルの流行を生んだ。
"Il grande silenzio(大いなる沈黙)" ⇒『殺しが静かにやって来る』(1968・伊仏)	主人公が唖という奇異な設定のマカロニ西部劇の秀作。タイトル自体にアクションを感じる。
"Executive Action(最高レベルの行動)" ⇒『ダラスの熱い日』(1973・米)	63年のケネディ暗殺を陰謀を企んだ側から描く。作品の中味をほのめかす意訳のお手本。
トリュフォー作品の独特の雰囲気を表した邦題	
"Jules et Jim(ジュールとジム)" ⇒『突然炎のごとく』	いわゆるドリカム状態(男2:女1の交際)を描いた作品だが、その疾走感を巧みに表した邦題の勝利。
"Les Deux anglaises et le continent (2人のイギリス女性と大陸)" "⇒『恋のエチュード』	『突然…』とは同じ原作者の小説に基づく、恋愛ドラマの大作。
"La Sirène du Mississipi (ミシシッピ川のセイレーン)" "⇒『暗くなるまでこの恋を』	こちらは先行する『暗くなるまで待って』(原題通り)というヒット作にあやかったまで?

品自体もタイトルも、エポックメーキングとなったと実感します。それがその後、Vシネマで同じ轍を踏んでしまっている。正直、堂々巡りをそこに感じました。

究極のネーミングは戦時標語だった？

ネーミングは訴えかける層いかん。そして、本当に時代の趨勢には勝てません。それを証明するのが、戦時中のスローガンです。空襲などで辛かった幼少の記憶があるので、実は思い返すだけでも寒気がしますが、念のため意味も付して、コピーよりもネーミング的に縮めた例をいくつか挙げますと……。

八紘一宇（「世界を一つの家に」と、アジア侵略を正当化する）
神州不滅（文字通り、神の国は不滅。水戸学の尊王論より）
尽忠報国（忠節を尽くし、国から受けた恩に報いる）
一日戦死（1日分の収入をなかったつもりでお上に拠出する）
暴支膺懲（暴虐な支那＝中国を懲らしめよ）
鬼畜米英（敵国アメリカ・イギリスは鬼か畜生）

聖戦完遂（聖戦なのだから全うする。今でも比喩的に使われる）
一億玉砕（セットで使う本土決戦の結果、国民全員で散れよ）
月月火水木金金（海軍の猛訓練ぶりを礼賛した軍歌から……）
撃ちてし止まん（敵を討ち続けよ）

これら戦時標語と呼ばれた、四字熟語のスローガンはパッと見難解でも、どれも〝意気軒昂〟かつ〝単純明快〟で覚えやすい。これらが町の至る所に貼り出され、どんな広告物にもキャッチとしてついて回る。子どもなんてコロッと洗脳されます。私も父親が海軍軍人だったせいもありますが、おかげでいっぱしの軍国少年でした。

他にも「欲しがりません勝つまでは」「足らぬ足らぬは工夫が足らぬ」「進め一億火の玉だ」など七五調の韻律を踏むと、どうしても口ずさんでしまう。まさに〝国民精神総動員〟させる、強い力をネーミングも究極に持っています。なんだか、こんな短い言葉の強烈なインパクトを思うと、ラノベの冗長なタイトルも愛おしくなります。

少しおっかない話になりましたが、なにか最近、これに近い言葉を聞いていませんか？安倍首相が突然言い出した「**一億総活躍社会**」です。現に推進室が内閣にも設けられ、担当大臣を拝名した加藤勝信大臣（当時）はこう述べています。「少子高齢化の流れに歯止めを

「テロ等準備罪」のネーミングについて…

自らに降り懸かった加計学園スキャンダルを、「印象操作」を連呼して煙に撒こうとした安倍晋三首相。問題だらけの共謀罪を「テロ等準備罪」と言い換えることで、無理矢理押し通したことこそ、国民をミスリーディングする印象操作だった。

かける、そして一人一人が活躍できる社会を作り上げていく。その実現に向けて、**すべての政策を総動員していく**。縦割りを排除し、政府の持てる力をしっかり発揮していきたい」。

昔は子どもたちまで軍需工場など戦争のバックヤードに駆り出されましたが、その数も足りないから、引退した年寄りでもいいから手伝え——と引っ立てられるような気がしてぞっとします。いや、こうした〝美辞麗句〟で愛国心を煽っていく古い手法をまだ使うのか——といささか愕然とします。

かつてナチスは強制収容所内において「働けば自由になる（Arbeit macht frei）」との標語を掲げ、収容者を労働に駆り立てました。最近の日本の為政者の発言には、まったくそれと同じ匂いがするのです。麻生太郎副総理が13年に、「ドイツのワイマール憲法もいつの間にかナチス憲法に変わっていた。誰も気が付かなかった。あの手口に学んだらどうか」と発言した件も、こうした傾向が決して自然発生的ではないことを裏付けます。

反面教師ヒトラーの打ち立てたPRの法則

そもそも「働けば自由になる」はロレンツ・ディーフェンバッハという、19世紀の作家がフェミニズム的観点に立った短編小説のタイトルに用いたのが最初と言われています。右翼が左翼の標語を用いる、あるいはその逆も政治の世界ではよくある。軍歌が労働歌になったり……。つまりは反面教師から利用できるものは利用する――ということでしょうね。

歴史上最大にして最悪のPRの天才はアドルフ・ヒトラー。「大衆動員」を達成するため、政治活動の重点をプロパガンダに置いていた彼は、1925～26年に刊行した『我が闘争』ですでに以下の原則を編み出していました。

- **テーマや標語を絞る（伝える内容は、決して変更してはならない）**
- **あまり知性を要求しない**
- **大衆の情緒的感受性を狙う**
- **細部に立ち入らない（小さく限定する）**
- **信条に応じ、何千回と繰り返す**

これはまさに広告の基本原則です。「ジークハイル（Sieg Heil：総統万歳と訳されるが〝勝利万歳〟）」とひたすら呼びかけ合えば、戦争にも勝った気になってしまう。ベトナム反戦運動でのスローガン〝Make Love not War〟（戦争するより愛し合おう）といくら叫んだところで、動物的本能のままに人々を煽動し、戦争をしたがる彼らの言葉の匕首《あいくち》は鋭い。ほとんどの人が持って行かれてしまう……。

ヒトラーはプロパガンダの必須項目として、まず「庶民が親しめるもの」を掲げ、「対象とする者のなかでも最も程度の低い者の受容力に合わせること」を念押しします。また、プロパガンダに「学術講義のような多面性を与えようとすることは誤り」ともしています。

まったく本書の読者対象や目的と違います……よね？　でも、時には悪魔の囁きにも耳を傾けないと、広告もネーミングも本質には近づけないのです。ヤクザの用語ややり口を知らなければ、捜査4課（いわゆるマル暴担当）の刑事が務まらない――のと同じです。

輸入ＩＴ用語が日本語を変革している！

わりとドメスティックな話が続いていたのに、急にテーマが国際的になりましたね。というのも、やはり最近では言葉もまたグロバリゼーションの波に揉まれていると感じるからです。その最大は**ＩＴ用語**。私も人並みにパソコン、スマホと使いこなしてはいますが、これら専門用語を覚えるのはなかなか難儀です。

しかし、それこそ世界標準なので洋画のタイトルのように翻案できない。いっちょ翻訳にトライしてみます？

世界標準?なIT用語

言葉	綴りと意味	超訳
アルゴリズム	(Algorithm:数学的には「算法」、ITでは求める解を導き出すための処理手順)	⇒処理算法
キャッシュ	(Cache:データの一時保存)	⇒ちょい隠し
クラウドソーシング	(Crowd Sourcing:ネットを通じて不特定多数に業務委託すること)	⇒みんな頼んだ
クラスタリング	(Clustering:複数のコンピュータを結合し、クラスター=葡萄の房=のようにまとまりで使えるようにすること、またそのシステム)	⇒ブドウ党
コロケーション	(Collocation:ネットワークへの常時接続環境のもとに、サーバや回線接続装置などを共同の場所に設置すること)	⇒共(友)ろう
ストレージ	(Storage:コンピュータ内で扱ったデータやプログラムなどのデジタル情報を保存・記憶する装置やシステム)	⇒ストッ蔵or 蔵ストック
ドメイン	(Domain:HPやメールアドレスに含まれるネット上の住所)	⇒オラがクニ
LAN	(Local Area Network、「同一の敷地また建物内等に構築されたネットワーク」)	⇒ネッツナガリ

2番目の「**キャッシュ**」など“cash”(現金)のことだと思っていました。何度も繰り返し利用するデータなどを一時保存し、処理速度のアップにつなげることですが、cacheには「(盗品の)隠し場」という意味がある。英検1級レベル以上の単語ですけどね。

でも、日本語っぽくしてハマっている例もいくつかありましたよ。「**アクセス解析**(Traffic Analysis)」なんて元の言い方とかなり異なる。これはWEBサイトへのユーザーの訪問履歴=アクセスログを分析する、またはそのツールのことですが、〝痕跡解析〟じゃさすがに固い。この分野も漁っていると、もっとadjust(適正化)すべき部分がいっぱい見つかります。

ビジネス用語が群を成して政界へ進出?

そして**近年、顕著なのがIT用語の他分野への波及**です。ちょっと短文にしてみます(左の図をご覧ください)。

これくらいは皆さん、慣れっこになっているんじゃないですか? でも、たった5年前

この四半世紀、企業内での
OA(Office Automation)化の
流れに伴い、家庭でも
PC(Personal Computer)が
利用されるようになった。
そして、インターネットの普及も
追い風となり、一気に産業としても拡大し、PCを駆動させる心臓
とも言えるソフト、
OS(Operating System)は
現在では各社1年ごとにバージョンアップ(version upgrade)
するほどになっている。
こうした勢いを受け、オフィスの
IS(Information System)の
構築を請け負う
IT(Information Technology)
サービスを行う、
SI(System Integration)業者も
増えてきた。これら業容のことを
ITコンサルティング、
ITソリューション(solution)とも
呼ぶ。

にはいちいち注釈が必要でした。最近では「**エビデンス**」という言葉もよく耳にします。

英語の"evidence"、すなわち「証拠」「根拠」「証明」のことで、同じ意味の"proof"などと較べても、本来はやや学術的な用語なのですが、IT業界で作成したプログラムが想定通りに動作することを示す証拠、つまりテスト結果や記録のことを言うので、ビジネス用語として一般化しました。で、時には略して「エビ」なんて言われたりする。新入社員が先輩に「ちゃんとエビ取っといてね」と命じられ、頭の中で海老が踊るという笑い話は業界の定番なんだそう。

そして、こうしたビジネス用語が政界にまで及ぶ。安倍首相がやたらと「スキーム(scheme)」を使い出した時、そう感じた人もいるんじゃないでしょうか?

これは「枠組みを伴った計画」や「計画を伴う枠組み」のことです。「組織立って継続的に立てられてこそ、成就される計画となる――と言いたいんでしょう。だから基本計画や基本構想の意味合いで、政治家はこの言葉を頻用するのです。

この言葉は90年代の中頃から使われ出し、「わかりにくいカタカナ行政用語」の代表格として語られる機会も増えました。2004年に国立国語研究所が行った「外来語に関する意識調査」では、スキームの意味がわかる人は国民の25%以下でした。

スキームには実は「無謀な計画」や「陰謀」などの負の面を持ち、複合語の中には「ピラミッドスキーム（ねずみ講）」など明らかな詐欺の意味があります。安倍さんたちが好むのもむべなるかな？

英語ＮＧ時代の強引な改名の数々

戦後70年、産業構造が次第に変わり、労働人口の比率も変化しました。現在、総務省統計局の「労働力調査」によると、17年度の就業者数は約６４３３万人で、うち自営業者は６７４万人。したがって、雇用者は５７２８万人になりますから、月々のサラリーで生活する人の比率は働く人の89％を占めます。

むろん、そのすべてがオフィスワーカーではありませんが、誰かに雇われている以上、ＰＣにまったく触れず、ソフトも使わないで済むとは限りません。だから、ドシドシとＩＴやビジネス用語がろくに〝適正化〟もされず、お茶の間にまで上がり込んでくるのです。

でも、考えてみれば、太平洋戦争が負け戦に終わり、ドカドカと進駐軍が踏み込んできて以降、日本人はほとんどなんでも欧米文化を吸収してしまいました。黒船来襲前後のような

伝統あるミッションスクールの名前も…

明治初頭からの伝統あるミッション・スクールも目の敵にされた。フェリス和英女学校が「横浜山手女学院」、「パルモア女子英学院」が啓明女学院（現・啓明学院中学高校）、ウヰルミナ女学院が「大阪女学院高等女学校」……。啓明や大阪女学院は改名したまま今に至っている。

「金鵄」

コウモリが幸運の象徴とされる中国向けの輸出用ブランドとして企画され、名前とパッケージになった。発売当時の意匠を基本的に守る。右は「金鵄」とその元の「ゴールデンバット」（写真は現在のもの）。

周到さを見せず、外来語も「レジャー」とか「プライバシー」など、あまり訳さずに受け容れました。それだけ情報にも飢えていたのだと思います。

なにしろ戦時中は英語をはじめ連合国軍の言葉はすべて「敵性語」。野球のストライクが「よし」、ボールが「ダメ」、アウトが「退け」なんて言い換えられていた。その頃は朝鮮の人々に〝創氏改名〟を強いたぐらいですから、**日本人には名前さえ変えれば本質も改まると思う節がある**のです。

ゴルフ用語も日本語化されて、パーは「基準数」、ホールインワンは「鳳」、キャディなら「球童」。だったら、アルバトロスは文字通り、アホウドリでしょうか……。

『英語を禁止せよ――知られざる戦時下の日本とアメリカ』（ごま書房）という本にこの辺りは詳しいのですが、商品名だとタバコの「ゴールデンバット」は金鵄《きんし》に、「ピース」は平和に、「チェリー」は桜、「カメリア」は椿と名称変更されました。ゴールデンバット（1906年発売）やピース（1920年発売）は今なお健在で、古典ネーミングの傑作でもあります。

ちなみに金鵄勲章の「金鵄」とは『日本書紀』に登場する日本建国を導いた金色のトビのこと。コウモリじゃないんですね。無血勝利の象徴でもあるそうです。

英語容認の中で生まれた海軍の造語力

軍部で敵性語を排除する動きが激しかったのは海軍よりも陸軍でした。明治以降の富国強兵策で海外に模範を探すと、陸軍はドイツが、海軍はイギリスが優秀と見なされ、日本ではエリート軍人を主に両国に留学させました。だから、海軍で突如として英語を排除すれば、業務に支障を来すのは目に見えていたのです。

海の上では国際信号も英語。作戦名も軍艦や飛行機の操舵や操縦、部品などもみんな英語です。だから、海軍兵学校では終戦まで英語の授業もありました。軍艦内でも、梯子はラダー（訛ってラッタルとも）、風呂はバス、水兵の寝床はハンモック、洗い桶は“washtub”が訛ってオシタップ、艦内号令に使われる笛はサイドパイプ。また、チョークといえば、黒板に書く白墨（chalk）のことではなく、飛行機の車輪止（chock）のことでした。

それだけじゃない。月給の前借りはアドバンス、支払いはペイ、制服（ユニフォーム）に対して平服をプレーン、なじみの芸者はインチ（メイト:intimate）、永遠のライバル陸軍はアーミー……。さすがインテリの多い海軍のこと、隠語すらバタ臭い。やはりボキャブラリーはないよりあるに越したことはないんです。

元特攻隊要員だった永末千里さんという方の回想録を読むと、海軍では「オーソリ

「富士音盤」	→	「キングレコード」
「三澤工業」	→	「ブルドック食品（現・ブルドックソース）」
「大日本時計株式会社」	→	「シチズン時計株式会社」
「ニッポンタイムズ」	→	「ジャパンタイムズ」
「日本タイヤ株式会社」	→	「ブリッヂストンタイヤ株式会社」
「東條靴店」	→	「ワシントン靴店」
『富士』	→	『キング』（講談社）
『週刊毎日』	→	『サンデー毎日』（毎日新聞社）
『経済毎日』	→	『エコノミスト』（同上）
『明朗』	→	『ユーモアクラブ』（春陽堂書店）
『文藝讀物』	→	『オール讀物』（文藝春秋社）
『ミクニノコドモ』	→	『キンダーブック』（フレーベル館）

ティー」という言葉も盛んに使われていたそうです。誰々は「水平爆撃のオーソリティー」とか「電探（レーダー）のオーソリティー」などなど。これをもじって、「俺はまだまだコソリティーだ」「いやいや、お前はもうチュウソリティーだよ」と、戦争中でも言葉遊びを楽しんだようです。

むしろ、大衆が日頃接する、スターの芸名が、ディック・ミネが三根耕一に、初代ミス・コロムビアが松原操というように、まず真っ先に槍玉に上がりました。1940年3月の内務省通達がきっかけなので、まだ太平洋戦争開戦前です。

さらには、メディアが目の敵にされ、またよく広告を出す企業が社名変更を強いられました。雑誌はことごとく犠牲に……。それらのリストも挙げておきます。

しかし、松下電器は「ナショナル」、早川電機工業は「シャープ」のブランド名を冠した製品を戦時中も発売するなど、かなり不徹底でした。しかし、**国が人や会社の名前を統制しようとするなんて、よくよく恐ろしい**ことです。

仮に中国と再び敵対することとなり、中国語禁止令が出たら、餃子や小籠包、麻婆豆腐や青椒肉絲や回鍋肉をなんと呼べばいいのでしょう？

ファストフードの海外進出に見るネーミングの変化

ここで再度確認します。本書のメインターゲットは、自らプロの手を借りずネーミングをしようとする読者のみなさんたち。だから、大企業に所属し、国際進出に当たってネーミングをするケースは稀でしょう。しかし現在、輸出メインの企業だけでなく、従来は国内需要がメインだった企業までもが海外進出を図らねばならなくなっている。今や欧米だけが「世界」じゃありませんからね。

その**品質や技術が世界水準に達している、あるいは国際的に例がないのなら、上手くパッケージングをして海外に売り出すのも夢ではない**。開発した技術が商品やサービス名になり、やがてはブランドそれ自体になるという展開です。古くは米デュポン社の「テフロン」、キャタピラー社の「キャタピラー」、クラレの「クラリーノ」、セコムの「SECOM(Security Communication)」、最近では旧富士重工業の「SUBARU」……。

しかし、なにも最初からグローバル化を目標に掲げ、英語などをベースにネーミング開発をする必要もないでしょう。ただ、成長次第で国内市場の先を見据える必要も生じて来るはずです。その最大の例が飲食業。その先駆者である熊本の味千ラーメンは、むしろ関東でよりも中国でのほうがポピュラーです。

それだけ日本の外食産業、特にファストフードのクオリティは高いと言えるのでしょう。味もですが、オペレーションが大変高く評価されている。インバウンドが食事に使う金をセーブし、爆買いができるのも、これらチェーンレストランのおかげです。

しかし、どのチェーンの進出先を見ても、やはりアジアを市場と捉えています。日本に遊びに来て楽しんだ味が祖国でもまた食べられるなら、現地の物価指数からすると多少高くても、リピーターになっちゃいますよね。だからか、名前は変えず、ただ英語表記にしている場合が圧倒的に多い。

面白いのが中国語表記で、「味千拉麺」は明瞭、ペッパーランチが「胡椒厨房」もわかりやすい。が、簡体字で「萨莉亚」と書く店がなんだかわかるでしょうか？

答えは……**サイゼリヤ**です。繁体字では「薩莉亜」。これで「サリヤ」と読む。私たちが略称で呼ぶ際の「サイゼ」はどこかに行っちゃったようです。中国でも広州に多く、あの緑の看板がマックやケンタ並みにあちこちにあるのだそう。

この伝に倣えば、**ＣｏＣｏ壱番屋**もちょっと長いから、「ココイチ」という略称をいっそ店

外食企業（主なブランド） 主な進出先	海外店舗数	国内店舗数	海外店舗の割合	備考
重光産業（味千拉麺）	約700	約90	88%	2015年7月
中国、シンガポール、タイ、アメリカ、カナダ、フィリピン、オーストラリア、台湾、マレーシア、ベトナム、カンボジア				
吉野家ホールディングス（吉野家、はなまるうどんなど）	688	2254	23%	2016年1月
アメリカ、台湾、中国、香港、シンガポール、フィリピン、インドネシア、タイ、カンボジア、マレーシア				
モスフードサービス（モスバーガーなど）	325	1451	18%	2015年3月
台湾、香港、インドネシア、シンガポール、韓国、タイ、中国、オーストラリア				
サイゼリヤ	290	1026	22%	2015年8月
中国、台湾、香港、シンガポール、オーストラリア				
麦の穂／永谷園（ビアードパパなど）	約240	209	53%	2014年12月
シンガポール、インドネシア、フィリピン、マレーシア、台湾、ベトナム、香港、中国、韓国、アメリカ、カナダ、サウジアラビア、パキスタン、カンボジア、ニュージーランド、スリランカ、ラオス				
ペッパーフードサービス（ペッパーランチなど）	213	209	50%	2015年9月
シンガポール、インドネシア、オーストラリア、タイ、台湾、中国、フィリピン、香港、マカオ、マレーシア、韓国、ベトナム、カンボジア、カナダ、ブルネイ				
ゼンショーホールディングス（すき家など）	167	4617	3%	2015年3月
中国、ブラジル、タイ、マレーシア、メキシコ、台湾、インドネシア				
プレナス（ほっともっと、やよい軒など）	162	3004	5%	2016年1月
中国、タイ、シンガポール、オーストラリア、韓国、台湾				
壱番屋	162	1270	11%	2016年2月
アメリカ、中国、台湾、韓国、タイ、香港、シンガポール、インドネシア、マレーシア、フィリピン				

（出典）プルデンシア調べ

名のメインに据えれば、他チェーンと較べるといまいちピリッとしない、ここ最近の同社の海外での浸透度も高まるのではないでしょうか……。

流行るアルファベット表記の日本語

寿司、天ぷら、すき焼き、照り焼き、豆腐、布団、津波、富士山、芸者、空手、柔道、武士道、ミカド（帝）、将軍、侍、忍者、ハラキリ、神風……辺りが海外でも通用する日本語の代表格と言えましょうか。

他にもラーメン、指圧、カラオケ、折り紙、リキシャ（人力車）、相撲、畳、漫画、アニメ、可愛い……等々も、多少日本通なら誰でも知っている言葉です。Umami（旨味）なんて言葉も、日本にも先頃支店ができた、ブレイク中の同名ハンバーガーチェーンの存在などから注目されているようですよ。

ちょっと変わったところで、〝**sudoku**（**数独**）〟

【国内】	【海外】
ポケットモンスター	→POKEMON
パジェロ（Pajero）	→Montero
ポッキー（Pokky）	→MIKADO
鉄腕アトム	→Astro boy
天空の城ラピュタ	→Castle in the Sky
レガシィ（LEGACY）	→Liberty
ヴィッツ（Vitz）	→YARIS
カルピス（CALPIS）	→CALPICO

パイロット万年筆の海外名

Vanishing Point（バニッシングポイント）

日本名「キャップレス」
ノック式でペン先が出てくるキャップのない万年筆。英名は消失点のことでそちらのほうがカッコいい？

Stargazer（スターゲイザー）

日本名「ステラ90s」
小型万年筆で、英名は占星術師・天文学者転じて「夢想家」のこと。

Metropolitan（メトロポリタン）

日本名「コクーン」
3000円で買える入門者用。Watermanが同名製品を販売しており、国内では商標が取れなかった？

Namiki Falcon（ファルコン）

日本名「パイロット エラボー」
「ナミキ（並木）」とはパイロットコーポレーションの昔の名前。その名残で、海外ではつい最近まで「ナミキ」と呼ばれていた。今でも超高級の蒔絵シリーズにのみ「ナミキ」の名が使われている。
日本語名のエラボーには、「この万年筆を選ぼう」の意と、英語の「Elaborate（精巧な）」という意味も込められている。

が今、世界的に普及しています。数独自体は日本で発明されたものではありません。アメリカではNumber Placeと呼びます。そこから日本にも「ナンプレ」の呼称は普及しています。しかし、日本人が名づけた数独がいつの間に世界中に普及していました。

開発者のニコリ元代表の鍛治真起さんは1から9の一桁数字しか使わないパズルなので、一桁はシングル、シングルは独身、そこで「数字は独身に限る」という名前を20秒ぐらいで思いついたそうです。そして、自社の発行する雑誌に載せると、あっという間に読者から作り手が現れ、続々とたくさんの作品が送られてきたのです。

　そのパズルをまとめた単行本を敢行した際、略称の「数独」をタイトルで謳うと、シリー

「ニコリ」

おそらく「にこりとする」から取ったろう社名を冠したパズル専門誌。ニコリは「数独」とついた雑誌も数冊刊行している。

ズ累計で４５０万部を突破する人気に。05年にはこれをイギリスに持ち込んだ人物による仕掛けも奏功し、一気に世界中を席巻。〝ｓｕｄｏｋｕ〟は海外の辞書に載るほどの固有名詞となりました。

英語や「国際的な視点」とはまったく無縁。だって数字＋独身ですから。だけど、**スキヤキみたいに覚えやすい**んです。他にこういう表現、増えてきていませんか？

ネーミングの持ち場を考える

日本語のアルファベット表記の新鮮さが海外でも受ける。これは日本食レストランなら当然のこと。今、アメリカでチェーン展開を成功させている代表的な店には、ＮＯＢＵ、Ｂｅｎｉｈａｎａ（紅花：Benihana of Tokyo）、ＫＡＢＵＫＩがあります。創業者のロッキー青木が鉄板焼きを全米に広めたベニハナなどは現在、アメリカ以外でも世界24カ国に進出し、１１６店舗を数え、寿司バーなど他の飲食業も展開。総従業員数も５０００名に上るそうです。

ＮＯＢＵの経営者、松久信幸さんはまさに立志伝中の人。１９７７年からロサンゼルスの日本食レストランに勤め始め、87年にビバリーヒルズに自分の店を持ち、上顧客だった俳優

UMAMI BURGER

ネーミングも逆輸入？　和風の旨味を伴った本格バーガー。

UMAMI BURGER 青山店

のロバート・デ・ニーロの誘いもあり、93年8月にニューヨークに共同経営で現在の店を出した。それが2016年1月現在で世界に35店舗あります。

中で最も日本語っぽい響きのKABUKIの経営者は韓国人移民1世であるデビッド・リー氏。専門誌の調査では1店舗あたりの売上でNOBU、ベニハナに続く3位を記録しています。18店の店舗はすべて直営体制で、店舗あたりの平均売上は330万ドル。総売上は6000万ドルに達するといいます。高級路線のNOBUと違い、日本食の大衆化に務め、成功したそうです。

驚いたことに、リー氏の会社の名が〝Kaizen〟。世界に広まったトヨタの経営方針です。トヨタはこの言葉も商標登録をしておけばよかったですね。いや、海外で受ける日本語のツボを突きまくっています。同社は他にも〝Tengoku〟というラーメンバーのチェーンも展開しています。

そのラーメンをイギリスで布教しているのが、〝Wagamama〟というチェーン。1992年に香港出身のアラン・ヤウ氏により、ロンドンのブルームスベリーに第1号店が開店して以来、今ではヨーロッパ・アメリカ・中東・アフリカにも支店を持っています。メニューは麺を中心に、鉄板焼きやdonburi（丼）なども英国向けにアレンジして提供。にしても、「ワガママ」とは恐れ入ります。しかし、そこには英語でいう〝selfish（自己本位）〟という意味合いは薄く、勝手気まま（free spirit）に楽しむというコンセプトを現しているのでしょう。さすが〝Ｓｕｄｏｋｕ〟が受けるお国柄。アメリカとはちょっと違います。

このようにグローバルにネーミングを考えるにせよ、**〝適材適所〟は見極めないと**なりません。

ネイティブチェックの重要性

なお、店名や商品名を英語（またはアルファベット）表記にする際、**おかしいところはないか、ちゃんと調べてから**でないと、後で取り返しのつかないことにもなりますよ。

例えば、今はアサヒビールが販売するオリオンビールのいわゆる新ジャンルに「ゼロライフ（ＺＥＲＯ　ＬＩＦＥ）」がありますが、カロリー0を示すつもりのこの言葉、ネイティブにはかなりネガティブに響くそうです。Low Life（下層階級、いかがわしい人）みたいなもんでしょうか。

２０１３年12月25日付のロイター発にも、『日本のＳＵＺＵＫＩの軽自動車の名前が失笑を買っている』という記事がありました。英語を喋る人間にはどうしても、それがある雑誌

KAIZEN

トヨタの経営手法が国際語にならなければ、あり得なかったネーミング。
http://kaizendining.com/

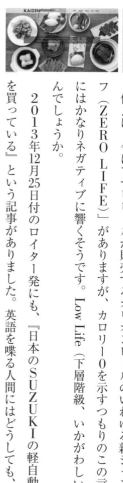

のタイトルを想起させる――というんです。それは過激なグラビアで知られる男性誌「Hustler（ハスラー）」。

まぁ、スズキ自動車としては昔のポール・ニューマン主演の映画の題からいただいたに過ぎないんでしょうが、やり手という意味もあるけど、俗語ではペテン師のことですから、いずれにせよあんまりよろしくない。

ロイターの記事は次いで、興味深い指摘をしています。なんでそんな言葉をチョイスしたか？「外国語の持つエキゾチックな響きに惹かれるというのが、理由の一つだろう」と。それは「西洋人が漢字のタトゥーを好むのに似ている。（日本語）ネイティブが見たら意味

「Biore」

花王・フェイスケア用品
ギリシャ語で「生活」を意味する「Bios」と、「満ち足りた」といった意味の「Ore」を合成。アジア圏やアメリカでもポピュラーな商品。

「KATANA」

スズキ・オートバイ
80年に西ドイツのショーで発表。ヨーロッパ向け輸出販売が翌年開始され、爆発的にヒット。二輪車種の排気量上限の規制がで販売は控えられたが、日本国内でも「逆輸入」という言葉を一般的にするほどの人気で、2000年に販売終了後も支持される。

「アンメルツ」

小林製薬・外用消炎鎮痛剤
アジアで人気で、すでに総生産量の半数は海外で売れている。
“Zim's MAX”ブランドで知られるアメリカのパーフェクタ・プロダクツを買収。今後は同社の販売網を使って販売する方針。

を成さない言葉であっても、**漢字が持つ詩的で深淵なイメージ**がそうさせるのだ」。

こうした恥をかく前に、ネイティブチェックは忘れずに。最近、グローバル化で英語熱がまた沸騰していますから、TOEIC受験などにハマっている同朋にも、重箱の隅を突つくような粗探しもされてしまいます。

今、多くの英語ネイティブが日本を訪れているのですから、チェックくらい気軽に引き受けてくれると思います。そんなことからネーミングや商品開発自体の意見を求めるのも、素晴らしい国際交流となるでしょう。

第３章

ネーミングとは**ブランディング**である

ネーミングの準備と心構え

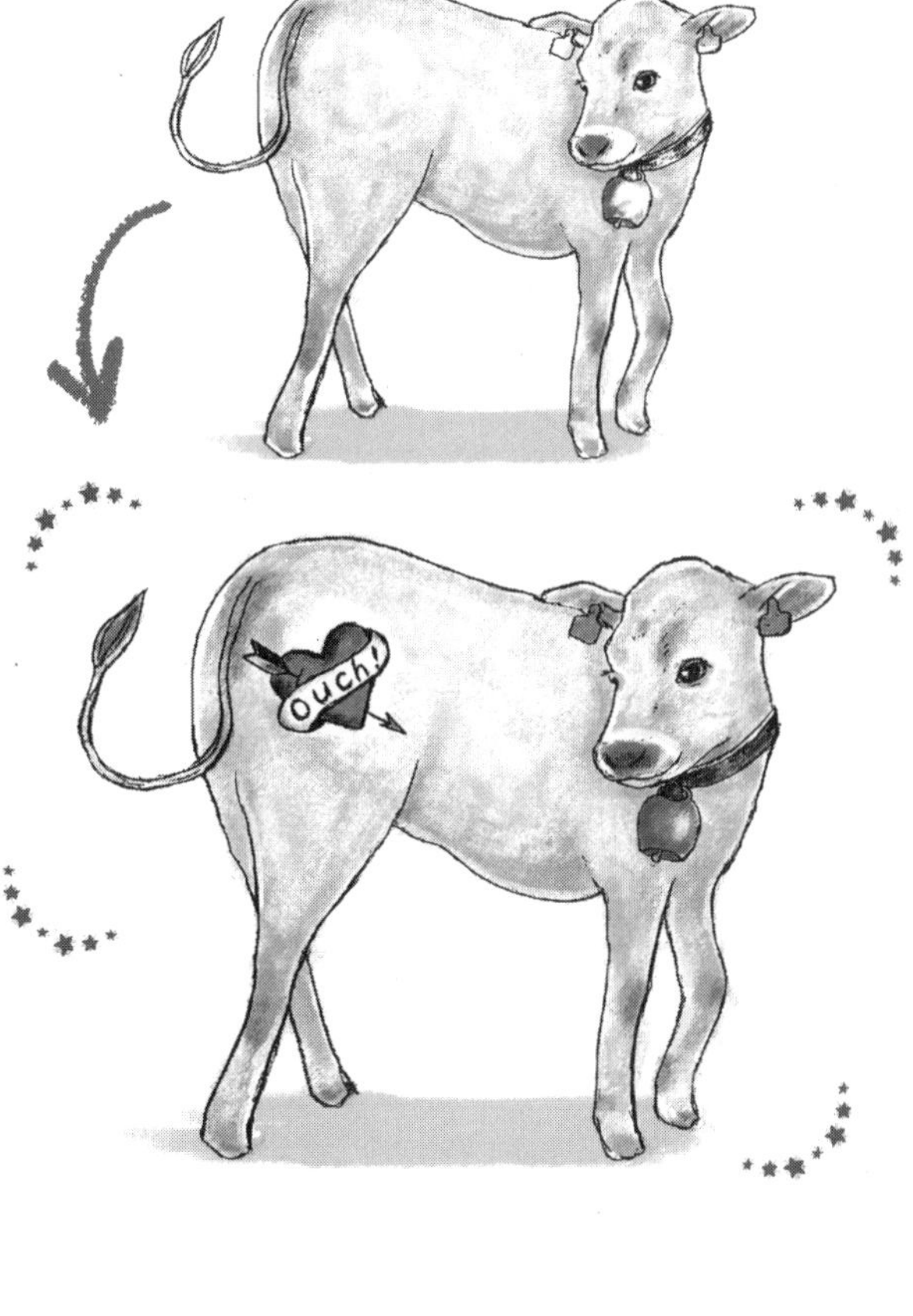

新旧『君の名は』『君の名は。』大ヒットの理由

「君の名は。」Blu-ray スペシャル・エディション
発売元・販売元:東宝
発売中
価格:7,800円+税

2016年から翌年にかけて大ヒットしたアニメ、『**君の名は。**』が大昔の松竹映画『君の名は』三部作に引っかけたタイトルであることは、かなりの年配でないとわからないかもしれません。双方に共通するテーマは「**すれ違い**」です。

旧作『君の名は』そもそも1952年4月に開始し、2年に渡って放送されたTBSのラジオドラマが原作。映画はこれを追いかけるように53年から54年にかけて公開されました。戦時中から戦後にかけての混乱が背景となっているので、主人公2人はもうひたすらすれ違う。空襲時にお互い助け合い、同じ数寄屋橋での再会を半年後に誓いながら、どちらかが待ちぼうけする事態が必ず生じて、さらに半年待つ間にはいろいろあって……の繰り返し。

しかし、時に不条理なまでの、このすれ違いの悲劇に人々は熱中し、放送時間には女湯が空になる——などと言われたものです。このすれ違いこそがメロドラマの設定として最も有効なのは、スマホ全盛時代の今でも変わりません。

一方の平成版『君の名は。』は、時間だけでなく空間とおまけに性別までスリップしてしまう、まるで違う境遇に置かれている高校生男

女を描きます。確かにそんなSF的設定を持ち出さないと、なかなか劇的な出会いも、また、すれ違いも描けないくらい、世の中便利になってはいますからね。

ともあれ、すれ違い続けていると、お互いの名さえ知らない。そこが重要ですね。今の時代、SNSなどのハンドルネームだけでやり取りをし、本名を知らない——なんてこともざらにある。タイトル通り、**双方の名を知る、名乗ることに非常に意味がある。**物語にとっての名前の大切さ——という基本を押さえているから、60年以上の時をまたぐ、これら2作はそれぞれ大ヒットしたのでしょう。

要は『君の名は』と『君の名は。』は、60年代に一世を風靡したクレージー・キャッツの谷啓が放ったギャグ、「あんた誰？」を壮大な規模で描く作品なわけです。

ネーミングは自己存在証明

しかし、あんた誰？　と問われて、「かくかくしかじか、こういう者です」とすぐ答えるのは容易ではない。「どの次元で何者だと問われているのか」を確認しなければ、時として頓珍漢な回答もしてしまいます。

自己紹介をする時に普通なら、男か女かは見ればすぐわかるので、まず名前を告げ、必要なら年齢、それよりも前に職業を答えるでしょう。さらには出身地、趣味とか好物……。

この**自分が自分であることの証明**を英語では**アイデンティフィケーション**（identification）といいますね。この言葉は『大辞泉』によると……、

「1：同一であることの確認、証明。2：広告で、広告表現・看板・サインなどのコミュニケーション表現要素に統一性をもたせ、より効果的なコミュニケーション活動を行うための方法を表す言葉」とあります。

そうなんです。まず**ネーミングとは商品やサービスにおけるアイデンティフィケーション**のことを言うのです。だから、オレオレ詐欺は「俺だよ俺」とその名を名乗らないがために、とてつもなく卑怯な犯罪と言えるのです。

どうせ息子や孫のフリをして年寄りを騙そうというなら、せいぜい電話をかける相手に実際にいるかどうか、そして、その名も調べてからにするといい。同じ詐欺でも名乗る責任を負ってみれば、適当に電話帳を頼りにかけまくり、時にはビンゴ——という発想の卑しさがわかるでしょう。

むろん、**商品にオレオレは許されない**。あなたがどこの〝俺〟なのかという証を示さないと、他者との対話の糸口さえつかめないのと一緒です。しかも、凝縮された名前だけで「岩永嘉弘、職業コピーライター、年齢○歳」くらいのことが言えていないとダメなんです。

かつて放牧されていた牛には、牧場主が自分の所有物である証として焼印を押していました。「brand（ブランド）」の語源はだから「Burned」だと言われています。英和辞典を引いても、まず最初に来る意味は「燃えさし・烙印」です。高級ブランドなどといいますが、そもそもあまりいい言葉ではないんです。それが銘柄・商標の意味も持つようになった。

しかも、焼印は奴隷にも刻まれていたんですね。共和政ローマ期の剣闘士で、第三次奴隷戦争の指導者のスパルタクスもその腕に焼印が押されていました。アフリカからアメリカに連行された黒人奴隷も同じ目に遭っていた。

自分への他者の支配を示していた徴が、いつしか自己を同一化させる証と変わり、セルフ・ブランディングなどとも言われるようになった。すなわち商業ネーミングにおいても、**自社の証である商品にアイデンティティを刻印**する——という意識で取り組まないとなりません。

ブランディングの基盤がネーミング

ブランドとは単にブランド品を指すのではなく、顧客が価値を感じるものの全て。だから企業自体もブランドになり得ます。ブランドは広告やキャンペーンを通じて浸透こそしますが、そもそも商品自体のクオリティと、それらを販売するマネジメントへの信頼がなければ成り立ちません。**広告は価値を生み出す手伝いはできても、価値自体を作れない**のです。

なによりブランド力を高めてくれるのは受け手です。創業者や経営者にいくら熱い思い入れがあっても、それを一方的に押しつけるだけでは受け手の拒絶反応を引き起こしてしまいます。また、消費者のイメージのみによって、それが育つわけでもない。

ブランドとは企業と顧客が二人三脚で作っていくもので、広告の役割は彼らの足をつなぐ紐です。それが何本かあるとして、ネーミングは最初の最も太い紐。私が「**ネーミングはブランディング**」とつねに唱えるのも、それだけ責任が重大だからです。あえて牛の喩えを用いると、生まれたての仔牛たちにそっと、だがしっかりと、彼らがなんと呼ばれるかの刻印を打たねばならない。

このネーミング次第で仔牛が自分の足で立ち、ひたむきに前進し、立派な成牛になるかどうかが決まる。むろん消費者が、「あの牛の名はハマっている」とか「名は体を表すね」などと気に入ってくれ、愛着を持って呼んでくれることで、さらに牛は育ちます。

だから、私たちはまず仔牛をじっくりと観察します。彼らの持っている特性や可能性をあらゆる角度から策定し、そこから他の牛とは一線を画す、最もふさわしい名を与える。そのイメージが凝縮し、持っている意味が増幅し、人々の心に鮮明に刻みつけられるよう図っていく。ブランディング自体がそんな作業です。もちろん名前だけでなく、キャッチフレーズなどで複合的に商品の価値を高める努力を払うわけですが……。

そして、みんなの期待をその名に刻んだ牛はよく想定外のフィールドまで歩み出し、〝時の牛〟となって、社会全体のコミュニケーションの円滑材にすらなります。流行語大賞などに輝くネーミングがそれです。モー、そこまで育つと、作者冥利に尽きると言えるでしょう。

そんな**ブランディング活動の原点がネーミング**です。商品名がロゴ化され、パッケージに印刷され、人々の目に飛び込んでいく。商品の力を増させ、多くの人がその名を口に唱える時、それは日本国中、時には世界にまで伝播して、ブランドと成り得る。

だから皆さん、勇気と責任を持って自分の仔牛に、大きく大きく育つような、その名を刻んであげてください。

ネーミング潮流の整理* ビール編

第1章で巷にあふれるネーミングへの注視を呼びかけました。身近でわかりやすい例として日本酒を挙げたのですが、同じ酒類でもビールはどうなっているでしょう。最近はクラフトビアなどもブームですが、メジャーなメーカーでもそのトレンドを取り入れ、特にキリン

GRAND KIRINのラインナップ

2015年	2016年	2017年
IPA	Dip Hop IPL	THE AROMA
JPL	Dip Hop WEIZEN BOCK	Bittersweet
梅雨のエキゾチック	うららかおる	GALAXYHOP
	雨のち太陽のセゾンビール	十六夜の月
	GALAXYHOP	梟の森
	十六夜の月	
	夜間飛行	

2015

2016

2017

（出典）キリンのホームページより

2015～16年度まではロマンティックで抽象度の高いネーミングだったが、17年からはアイテムも絞り込み、より製法を強調する名前に変えた。いよいよジャパニーズ・クラフトを印象づけようという意図からだろう。

ビールはコンビニ（および中高級スーパー向け）限定商品の「**GRAND KIRIN**」で強みを見せています。

同社のサイトで2016～17年前期のラインナップを確認すると、表のようになります。第1弾の「DIP HOP IPL」から現行品の「**IPL**」「**JPL**」「**ひこうき雲と私**」（限定醸造）まで計15

クラフトビール用語

その他にも、ビールの苦味成分（アルファ酸）レベルを示す単位「IBU」とか、色の濃淡を示す尺度「SRM（アメリカ）」、「EBC（ヨーロッパ）」など、意味不明な略語がいっぱいある、不思議な業界だ。

商品を製造。

なんとサイト上には「クラフトタイムズ」という、全国のクラフトビアについての情報発信マガジンを15年4月に創刊。当初は月単位でしたが、16年はトピックごとランダムに最短2〜3日のインターバルで発刊していました（昨年度末でいったん休刊）。それだけ本気でこのトレンドを取り込もうとしている。だから、ネーミングもけっこうそれっぽく、インディーズ乗りなんです。

小麦麦芽使用で上面発酵のウィートスプリングエールの場合、〈うららかな昼下がりに春の陽気を感じながら楽しめる〉をコンセプトに「**うららかをる**」。希少な〝ネルソンソーヴィンホップ〟を使用し、グレープフルーツのような香りと苦みを実現したキィウィIPAスタイルだと、秋の夜長にゆったり楽しむ「**十六夜**《いざよい》**の月**」と命名しています。

そもそも、このクラフトビアにはシングルモルト同様、専門用語が多くて、そこが取っつきにくさでもあり、マニア心を刺激する点でもある。下面発酵をラガーといい、代表格がピルスナーというくらいはおわかりかもしれませんね。日本のビール大手四社が作ってきたビールは基本的にすべてこのスタイル。バドワイザーやミラー、ハイネケンにカールスバーグ、青島やコロナもその中に入ります。

しかし、IPAをはじめ上面発酵のビールが世界の地ビールの大半。イギリスのバス・

ペールエールなどのエールが有名で、アンバーやブラウンエールはその濃いタイプ。ベルギービールなどはこれにフルーツを加えたものが多い。もっとも、ベルギービールでも稀少な製品はランビックといい、自然発酵でできています。

19世紀にイギリスから植民地インドにビールを運ぶ際、劣化を防ぐためペールエールにホップを多めに入れたことにより生まれたのがインディア・ペール・エール（IPA）。逆輸入されて本国でも人気が出て、今ではアメリカのクラフトビアブームの火付け役となりました。アメリカのIPAはカスケードホップという軽めのホップを使用し、柑橘系の香りが特徴的です。

小麦を使った白ビールがヴァイツェン。ポーターはイギリス発の元祖黒ビールで、荷物運搬人（ポーター）などの労働者が好んだのでこの名がある。これがアイルランドに渡り改良されたのがスタウト、かのギネスがそうです。

これで112ページの表の記号の意味もつかめたかと思います。JPLとは「ジャパン・ペールラガー」の略で、IPAのラガー版である〈IPL（インディア・ペールラガー）〉に日本の感性を注ぎ込み、洗練させた日本ならではスタイル〉だそうです。すなわちキリンのオリジナル製法。ただでさえ**わかりづらい用語が乱立するジャンルだから、どんどん新造語で攻めてしまえ**——という開き直りを感じます。

DAI語

タレントのDAIGOの十八番「DAI語」のノリでもある。MMはマジ無理、GGDDは言語道断、DGDGはDAIGO大誤算もしくは大号泣……。いちいち元の言葉を言わないとイマイチ伝わらないけれど、会話の潤滑剤にはなるだろうアレです。

代表銘柄である一番搾りでもキリンは、47都道府県すべてにおいて、工場がある土地では「～づくり」、ない土地では「～に乾杯」と、地名を明記することで地ビール感を押し出す展開を徹底した。

ここにも追って説明する**記号化ネーミングの流れ**を感じますが、どこか単語やフレーズの頭文字をひたすら縮めてローマ字化した、タレントのＤＡＩＧＯの十八番「ＤＡＩ語」のノリでもある。

ＭＭはマジ無理、ＧＧＤＤは言語道断、ＤＧＤＧはＤＡＩＧＯ大誤算もしくは大号泣……。いちいち元の言葉を言わないとイマイチ伝わらないけれど、会話の潤滑剤にはなるだろうアレです。

一方でキリンは一番搾りでは各地方バージョンを展開。これは「**～づくり**」と名づけた、たとえば福岡や滋賀など工場ごとの独自の味の追求が好評を得ての展開です。だから、「～に乾杯」と表記される、たとえば熊本や京都には工場がない。ただし、その県の特徴を製品ごとに出そうと工夫はしている。各県の支社単位でワークショップを開催し、モニターの意見を反映しつつ風土に合った味を醸すわけです。

アサヒ傘下のオリオンの天下である沖縄の場合、製造されるのは福岡ですが、炭酸が弾ける喉越しと爽やかさや華やかさを全面に出した――という次第。まさにＪＰＬの全国展開です。だから、秋田のコンビニでは通常の一番搾りと仙台工場産の「**仙台づくり**」、それに「**秋田に乾杯**」の３種が同時に販売されている――という事態にもなるのですね。上手い戦略です。

車名の系統立てたネーミングの一例

ベンツの場合：車格A（B・C・E・S）＋数字　例）A180
BMWの場合：頭の数字が車格（1・3・5・7）＋排気量＋i　例）320i

ネーミング潮流の整理　＊自動車編

こうした**系統立てた商品開発とネーミング**の展開は、最近では第1章で紹介したタバコ、元々はヨーロッパの車などによく見られる例です。まず大体の高級車がそう。どれも**アルファベット＋数字の組み合わせ**です。1桁目のが数字上がるとランクもアップする。メルセデス・ベンツやBMWの場合、今まで車名を採用さえしていないわけです。

ベンツのセダンだとざっくり言えば、Aクラスが最も安価で、（「A180」はそれまでにない排気量も1600ccの、いわば大衆路線ながら300万円近くはします）。B・C・Eと格が上がって、Sクラスが最高級。**BMW**だとそれがハッチバックの1シリーズに始まり、7まで刻まれるという対比になります。

なお、BMWだと日本発売モデルには「118・i」「318・i」と数字に必ず**i**が付く。ただ、2016年5月、ディーゼルエンジン搭載モデルを追加投入しており、これには「320d」などと**d**が付きます。なお、SUV車種には共通して「X」の文字が付けられています。

ちなみに「・i」はインジェクションの頭文字で、ガソリン車の燃料噴射方式のことを指します。といっても、現在はガソリン車なら全て燃料噴射式。昔はキャブレターで燃料をエンジンシリンダー内に供給していたので、この呼び分けがあるのです。BMWは1979年、世界で初めて電子制御でエンジンの燃料噴射装置をコントロールする車両（BMW732・i）を発売。その時の「誇り」を今も高く掲げるために「・i」をつけているのです。

その他、**ジャガー**や**プジョー**も数字とアルファベットオンリー。**ポルシェ**も長い間、「911」や「924」といった基本的に9の3桁数字だったものの、最近はそれがいっぱいになってしまったからか、「カイエン」や「ケイマン」といった愛称の車名を付け始めています。

トラックの名前は聞いただけでわかるか？

そこで日本のメーカーも右へ倣えをし、いずれも海外市場向け高級車に分類されるトヨタ・レクサスや日産インフィニティ、ホンダ・アキュラは全てアルファベットと数字しか使っていません。**レクサス**は「LS500」、**インフィニティ**は「Q50」などとベンツ風のアルファベット＋数字。**アキュラ**が「RLX」などと3文字のアルファベット、それもセダン系車種は「LX」、クロスオーバー系車種は「DX」の接尾辞で統一しています。

ブランディングの種であるネーミングの作り方には、**大きく分けて二方向あります。一つはイメージ的な方向で、もう一つが機能的な方向です。**

ベンツなどの例はイメージが極まった、まさにブランド力の現れ。レクサスなどは欧州の高級車メーカーに固有の、BMWならBMW、ポルシェならポルシェといった社名に対する自信の現れを、せめて記号化ネーミングで追走しようというところでしょう。

ポルシェといえば流線型の車体、BMWといえばヘッドライトに特徴がある動物的なマスクがすぐ想い浮かぶ。エルメスと聞いて、そのカラフルで優雅なデザインを、ルイ・ヴィトンなら例のシックな頭文字を重ねたモノグラム、日本の市松模様に似たダミエ（濃淡の意）柄を条件反射的に思い出すのと似ています。ちなみに両社にスカーフ、財布というブランドを代表する商品はありますが、それらしか思い出せないのはちゃんとメゾンで買っていない証拠かも。店舗に行けば、双方ともに多品目においてトレードマークや、それ以上に共有イメージが活かされていることに驚くでしょう。

イメージ型ネーミングはそのものやことの機能や特質、メリットなどを意味で表すのではなく、象徴的かつ記号的な言葉で作り上げます。だから、同じトヨタでもかつての車名は、「ブルーバード」「セドリック」「クラウン」「コロナ」「セリカ」など、その特徴を青い鳥、小公子、王冠、（太陽などの）光環、天空……のようだと、視覚的なイメージで喩えています。それはあくまで他と区別する上で必要な目印的な、記号的な言葉にすぎません。

しかし、車の機能をネーミングで一言に集約するのは大変難しい。いすゞの小型の**エルフ**（ELF）は英語で妖精という意味ですが、トラックの中では小型だからで、別にその名が軽自動車についていてもおかしくはない。同社のトラックには中型が**フォワード**（FOWARD）、大型が**ギガ**（GIGA）というシリーズ名があります。ギガはわかりやすいですが、フォワードなどはそれとエルフとの間に置くことで、中型なのかなとわかる程度。

ライバルで最大手の日野自動車だと、「トントントンヒノノニトン」と軽妙なコピーでCMを放映しているのが2t車からある小型の**デュトロ**（DUTRO）。中型は**レンジャー**（RANGER）、大型は**プロフィア**（PROFIA）といいます。

レンジャーは森林警備隊・特殊部隊の意味ですが、デュトロの車名の由来は「Dramatic & Urbane（上品な）Transport（輸送）Offer（提供）」の略称だとか。プロフィアもこうした（次章で後述する）かけ算的造語系で、「professional（専門的な）＋profit（利益）＋fine（優れた）＋ace（一流）」の意味を持たせたといいます。

イメージ的につかみづらいですが、**半ば機能性を名に盛り込んだ**――といったところでしょうか。三菱ふそうは最もわかりやすく、大型が**スーパーグレート**、中型が**ファイター**、小型が**キャンター**という構成。CANTERとは馬の駆け足のことです。なんとなくボクシングの階級のようで腑に落ちます。

イメージから機能的ネーミングへの変遷

イメージ優勢は1980年代以前の洗濯機のネーミングにおいてもそうでした。「うず潮」「銀河」「青空」「千曲」「琵琶湖」……というのが大手メーカーのシリーズ名。大体がぐるぐると渦を巻くような、洗濯のイメージに因んだ言葉を選んでいます。どれも「水で綺麗に洗う」という洗濯機の役目の詩的表現。あとは洗濯後の空、ですか……。

ところが、ナショナル（現パナソニック）の「**うず潮**」はとっくに生産終了、三菱も洗濯機の自社生産は08年10月限りで製造をやめてしまい、「**琵琶湖**」の三洋電機自体がすでにない（2011年にパナソニックが完全子会社化）。「**銀河**」の名を10年くらい前までは使用していた東芝など、白物家電部門は中国の電機メーカー・美的集団へ昨年6月までに売却してしまいました。ただ日立だけが、今なお「**青空**」を根強いファンのいる二槽式洗濯機の総称として使用し、製造販売して気を吐いています。

しかし、センスこそ昭和だけど、これも**系統立てたシリーズ・ネーミングとして記号的か**

つ機能的ではあったのです。クルマや大型家電などのグローバル・ブランディングに強く見られるこの傾向も、もはや白物家電や通常のテレビには当てはまらないのでしょう。

ただ、エアコンはちょっと違う。やはり格安品はどこか信用の置けない、家電の中では一番の大物だからでしょう。三菱「**霧ヶ峰**」、日立「**白くまくん**」、東芝「**大清快**」、ダイキン「**うるさら（うるるとさらら）**」、三菱重工「**ビーバーエアコン**」とまだニックネーム（ペット・ネーミング）が残っています。

一方、パナソニックは「エオリア」の名、シャープはなんにでもつけていた「キレイオン」の名をすでに捨てています。これを見ると、**名前とともにエアコンも大衆化し、生活に**

ネーミング上手がロングセラーを生む!

青空

モーターの力が強く、回転・水流とも強いため、洗濯時間の短縮が図れ、水の節約にもなる二層式洗濯機。脱水しながら次の洗濯をできるので時短にもなり、「どうしても離れられない」という層が少なからずいる。青空の名は永遠に…。

http://kadenfan.hitachi.co.jp/wash/

白くまくん

名前も歴代キャラもつねに愛らしく、暑苦しい夏を爽やかにしてくれる。最新のキャラはサイトで壁紙までプレゼント。ファンの心理をつかむのが上手い。

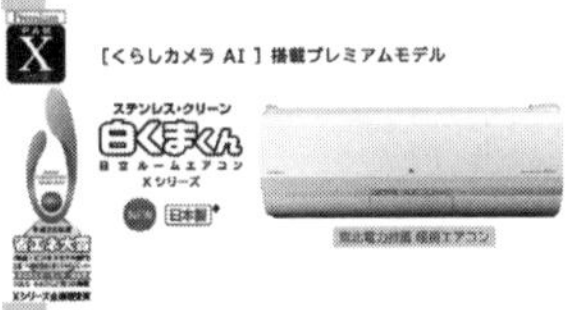

http://kadenfan.hitachi.co.jp/ra/shirokuma/

根づいたことがわかります。その辺を上手く突いたネーミングと言えるのでしょう。パナソニックもナショナル時代の「楽園」を温存すれば、今でも通用していたかもしれませんね。

洗濯機の話に戻すと、私が名付け親でもあるのですが、1982年発売の日立の「**からまん棒**」辺りから、機能主義的ネーミングの全盛期を迎えます。その後は「**最洗ターン**」、「**ななめドラム**」など、要は**新機能がネーミングに変わる。これが機能型ネーミング**です。特質や機能、場合によっては理念や思想を言葉として打ち出し、他との差別化、区別化のコンセプトを訴求する方向。

そして、これはイメージより強固な〝**メッセージ・ブランディング**〟ともいえます。その物やことの意義や役割を訴求する言葉で示すネーミングです。私たちはこのメッセージをあらゆる機会に見出だそうとします。たとえば本書の1章では日本酒やバンド名、2章ではベストセラーのタイトルや洋画の邦題などからそれを探ってみました。

翻せば、メッセージのまるでない商品というのもあり得ないのですが、洗濯機のような家電品に置き換えると、技術的に横並びで大差がなかったり、まだ消費者にメカニカルな知識が充分でないと、イメージ型ネーミングが優勢ともなるのです。

アップルは機能型ネーミングのプロトタイプ

しかし、今の消費者は賢い。疑問があればすぐネットで検索し、自ら解消しようと務めます。そして、技術開発競争はたとえば車なら、すでに自動運転の標準化も秒読み段階まで来ています。この目まぐるしさの中で、**機能をしっかり謳い、かつそこにメッセージ性もあり、なによりも覚えやすいネーミングを、できれば体系ごと構築せねばならない。**

だから、商品開発の段階ですでに、大げさに言えば歴史的視座が必要なのです。それも歴史を作るという意味合いでです。

80年代から今日まで、そうした**長期的パースペクティブをネーミングにおいても最も持っ**

ていたのが、アップル社とその創業者、スティーヴ・ジョブズだと言えるでしょう。

アップルは画期的なPCシリーズの·iMac以降、携帯型音楽プレイヤーには·iPod、スマートフォンには·iPhone、オフィス業務に必要なソフトウェアをセットにしたオフィススイートには·iWork、クラウドサービスには·iCloudなど、製品のネーミングの先頭に「·i」をつけるのを好みます。それがなによりアップル製品の新しさをアピールし、ブランディングを成功させたのです。

ところが、その後はアップル製以外でも、古くはドコモの·iモードや最近ではマツダの·i-ELOOP（減速エネルギー回生システム）など、そこかしこでこの頭文字「·i」を見かけるようになりました。明らかな便乗です。

1998年、·iMac発売時のジョブズのプレゼンによれば、この**「·i」の意味はInternet（インターネット）、Individual（個性的）、Instruct（指導する）、Inform（情報を与える）、Inspire（ひらめかす）の5つ**でした。

もっとも、このシリーズ・ネーミングが考案される前、ジョブズは·iMacを「Macman」と名づける腹づもりでいました。というのも、彼のロールモデルはソニーだった。ソニーの成功は工業デザインと賢明な価格設定によるものと考え、コンシューマー企業の鑑だと、当時の盛田昭夫会長を大変に尊敬していました。

だから、ウォークマンをもじってＭａｃｍａｎ。となると、ｉＰｈｏｎｅはＭａｃｐｈｏｎｅになったかもしれず、ｉＣｌｏｕｄはＭａｃＣｌｏｕｄ？　ちょっというか、相当ダサいですね。

そこへジョブズがアップルを一時的に追われ、ＮｅＸＴ社を立ち上げた際からの盟友であるクリエイティブ・ディレクターのケン・シーガルが待ったをかけ、彼がｉＭａｃと命名しました。シーガルは１９９７年には倒産の危機にあったアップルに復帰したジョブズに再び起用され、伝説のマーケティングキャンペーン"Think Different"の制作を牽引します。

秀逸な構想は必然的にシリーズ化される

ところが、このケン・シーガルが「最近のアップルはシンプルさへのこだわりという哲学を失っている」と批判しているんです。昨年６月にイギリスのガーディアン紙のインタビューに答えてのこと。曰くこうです。

「アップルは今、（主力のハードとして）３つのｉＰｈｏｎｅと４つのｉＰａｄ、３つのＭａｃＢｏｏｋを売っている。Ａｐｐｌｅ Ｗａｔｃｈについては組み合わせは無限とも言える。市場は成熟し、多くの人が多様な選択肢を求めているかもしれない。（中略）しかし、ここまで複雑でなくてもいいだろう。アップル製品は多くの人の好みに合うものだし、**シンプルさを考えれば、無限の選択肢よりも正しい選択肢を示すべきだ**」

さらにシーガルは痛いところを突く。iPhoneのモデルサイクルとネーミングについても舌鋒鋭く批判します。

「内部的な機能が変更された、末尾にsがつくモデルの発売年は、人々に『お休みの年』と認識されてしまっている。Siri（秘書機能アプリ）やTouch ID（指紋認証）、64ビット処理の導入がそう捉えられるのは馬鹿げている」

いかにジョブズが導入しようとも、sモデルの存在がiPhoneのマーケティングを困難にしているのは確か。機が熟すのを待ち、デザイン的にも刷新を図るべきなのです。

iPadも、iPad→iPad 2と来て、なぜかNew iPadになりました。なぜiPad 3ではないのか「理由がよく理解できない」とシーガルも言います。だから、便宜上みんなiPad 3とか、その後継機のiPad proならiPad 4などと呼んでいます。単純に数字を付けた方がシンプルでよかった。

しかし、アップルは製品の大幅なアップデートをアナウンスするだけで世界中が沸く稀有な企業。今、他ジャンルでその熱狂を生み出せるのはポケモンGOの新作くらいでしょう。いわゆる**CI（コーポレート・アイデンティティ）を代表的製品が代行**できている。そして、

アップルのロゴ

時台と共に次第にシンプルに変わっていった。

アップルというブランドはますます確固となる。この方法を中小企業でも学ぶべきかもしれません。

　総花的な多品目多展開では自転車操業に陥る。どこかでリスクヘッジを取りながらも、選択と集中、スクラップ＆ビルドがやはり過剰な競争社会で生き抜く原理としては有効です。10年前でも昨年度の調査でも、中小企業の全企業数に占める割合は99・7％と変わらない。３８０万９２２８社が日本経済を支えているんです。対する大企業は約１万１０００社しかありません。

　しかも、従業員が20名以下の零細企業の場合、企業＝事業のケースがほとんどでしょう。そもそも「選択と集中」せざるを得ないはずです。**社名も含めた商品ラインナップのネーミングを通じ、シンプリファイ（単純化）がますます必要**となってくる。

　そして、「はじめに」で書いたように、その多くの会社が我々のようなプロの手を借りず、自前で構想ごとネーミングせねばならないのが現実。私はそれを踏まえ、いわばネーミング秘術の全面公開化に踏み切ったわけです。

アップルという社名の意味するもの

このアップルでさえ最初は零細も零細。たった3人で始め、1人はすぐに去った会社です。社名の由来もジョブズが当時流行していたリンゴダイエットをしていたためとする説が最有力。相棒のエンジニア、スティーブ・ウォズニアックはジョブズが「アップル」を提案した際、即座に「ビートルズのアップル社と同名では訴訟沙汰にならないか？」と彼に問い返しました。不安は創業2年後の1978年、「アップル対アップル訴訟」として的中。その解決には約20年を要しています。

スペルは変えられているが、PCのマッキントッシュもリンゴの品種が元ネタ。日本では「旭」といい、カナダで19世紀前半に発見され、その発見者がMcIntosh氏だったのです。明治時代にはすでに日本に入っていますが、一切品種改良は行われておらず、そのせいかリンゴ本来の強烈な香りがする。そして、あまり甘くなく酸味が強い。ジューシーで真っ白な果肉と、薄い皮の味わいが絶妙という「丸かじり」に向いたリンゴだそうです。

その最初のロゴマークは同社の3人目のファウンダーであるロナルド・ウェイン考案の、ニュートンがリンゴの木に寄りかかって本を読む姿。そしてリボンに社名が書かれていました。しかし、それでは堅苦しいと考えたジョブズは、レジス・マッケンナ社のアートディレクター、ロブ・ヤノフに新しいロゴマークのデザインを依頼。ヤノフはシンプルな林檎の図案を思いつき、トマトと混同されないよう右側に齧った跡を加えました。一説には齧るを意味する“a bite”とコンピュータの情報単位の“byte”をかけた——ともいわれています。

ジョブズはこのように**マークも社名も自身の表現、発想の一部**と見なしていました。もともとヒッピー世代で、禅にも強い影響を受けており、本国でも僧侶の教えを乞い、商用のみならず足繁く日本にも通い、シンプリファイの要諦をつかんでいきます。

やはり**社名やシリーズラインナップの名前はシンプルなほうがいい**。そして、数字で呼び分ける。そのほうが高級感のみならず、ブランドとしての識別が容易です。iPhoneは単なるスマホではなく、その先鞭を切った画期的なツール。プライドを託しやすい名前なのです。iPhoneユーザーには熱心なMac信者もいますが、目まぐるしくモデルチェンジするアンドロイド搭載スマホの品定めなど、もはや面倒に感じている層も多い。Macの操作性はそもそも非常に優れている。たまにWindowsマシンに触れると、混乱すること頻《しき》りです。

こうしたことからも、**ネーミングの現在の趨勢もマーケティングを熟知した、機能的なメッセージ型に傾いている**——と言えるでしょう。

社名変更ブームの大きな流れ

さて、ここで日本の産業界に度々訪れるCIブームについても振り返ってみましょう。正直、これがプロジェクトとしては一番やりがいのある仕事。しかし、なんでこうも企業はそのイメージ刷新を名称変更に求めるのでしょうか。

最初のCIは1952年の旧財閥名の復活と言われています。戦後しばらくは財閥解体で鳴りを潜めていたのが、そのほうが名の通りがいいと、31社も旧財閥名をまた名乗ったわけです。たとえば**三菱UFJ銀行**は持株会社整理委員会の意向を受け、48年から千代田銀行を名乗っていたのが、53年には三菱銀行に復帰しています。**三井住友銀行**のうち住友銀行は同じように大阪銀行を名乗っていました。

また、建設会社も戦後となり、それまでのヤクザっぽいイメージを刷新。現在スーパーゼネコンといわれる5社中、**鹿島建設**も**清水建設**も**大成建設**もこの時期に、組から建設会社に名称を転じています。

そして58年、当時トランジスタで飛ぶ鳥を落とす勢いの東京通信工業が**ソニー**に社名を変えました。これに影響を受けた企業が60年代に入り、合計50社弱の大手企業が続々と社名変更をします。萬代屋が**バンダイ**、福音電機が**パイオニア**、寿屋が**サントリー**、理研感光紙がリコー、日本麦酒から**サッポロビール**、野田醤油が**キッコーマン醤油**（80年からはキッコーマン）に……といった具合。カタカナのブランド名を正式社名にする流れです。特に62～64年には多かった。

そして、日本でＣＩに対して注目が集まったのは70年代になってから。公害問題や汚職など、数々の不祥事により企業の社会責任が問われ出したせいもあります。消費者の企業に対する目も厳しくなりました。**企業が自らの反省や改革の「姿勢」をアピールする方法の一つがCI**だったのです。近年で言えば２０００年に集団食中毒、01年に牛肉偽装事件を起こし、多くが経営危機に陥った雪印乳業（現雪印メグミルク）が「メグミルク」とブランド名を変えたケースが思い当たります。

また、**ブランド名を社名にする**のもこの頃から拍車がかかり、70年には早川電機工業が**シャープ**に、71年には大阪電気音響社が**オンキヨー**、72年には島村呉服店が**しまむら**、73年には山梨シルクセンターが**サンリオ**へと社名変更しています。

さらに、日本で初めて周到な準備の上でＣＩ計画を導入したのは、84年にマツダに変わった旧東洋工業と言われています。以降、**バブル経済の影響もあり、「CIブーム」が起きる**のです。80年代には1つの会社が多角経営でいろんな事業をするようになったため、社名を変えざるを得ない面がありました。「○○工業」「□□化学」の業種を外すパターンです。そ

社名変更ブームは1958年のソニーから

- 萬代屋 → 1961年 → バンダイ
- 東京通信工業 → 1958年 → ソニー
- 石川ペン先製作所 → 1963年 → ゼブラ
- 福音電機 → 1961年 → パイオニア
- 理研感光紙 → 1963年 → リコー
- 寿屋 → 1963年 → サントリー
- 野田醤油 → 1964年 → キッコーマン醤油
- 日本麦酒 → 1964年 → サッポロビール

注目が集まったのは70年代

- 大阪電気音響社 → 1971年 → オンキヨー
- 早川電機工業 → 1970年 → シャープ
- 島村呉服店 → 1972年 → しまむら
- 丹頂 → 1971年 → マンダム
- 中村製作所 → 1977年 → ナムコ
- 山梨シルクセンター → 1973年 → サンリオ

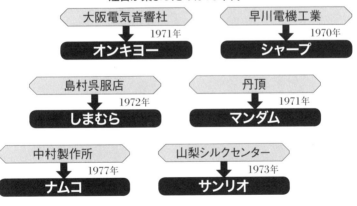

こで、86年に日本楽器製造は**ヤマハ**へ（ヤマハ発動機は設立時から変わらず）、谷田賀良倶商店→谷田無線電機製作所→谷田製作所→タニタ製作所と、それまでにも成長段階に応じて商号変更をしてきた**タニタ**が現社名に落ち着きます。

また、小西六写真工業は87年にコニカに変わったのですが、03年にミノルタを完全子会社化し、現在は**コニカミノルタホールディングス**（HD）を名乗っています。

大手企業にとってグローバル化は抗えない大波

こうして**90年代に入ると、グローバル展開を意識したM&A（合併・吸収）が起き、海外でも通じるように欧文表記・カタカナに社名を変更する企業がさらに増大**します。ここにはデザイン的要素が大きく加わってくる。

80年にはライオン歯磨とライオン油脂が対等合併し、新発足していたライオン株式会社も91年の創業100周年を機にCIを導入。それまでのライオンの雄叫びを用いたロゴから現在の緑色の「**LION**」ロゴに変更しています。03年には、全日空もそれまでの社名や〝エー・エヌ・エー〟という略称での呼称を**ANA**（アナ）に統一。ロゴマークからも全日空の文字、「All Nippon Airways」を一切排除する徹底ぶりで、その浸透を図り、さらに業績を伸ばしました。

01年には旭化成工業も**旭化成**に商号を変更。食器製造から衛生機器に特化していた70年、すでに東洋陶器から東陶機器に変わっていた**TOTO**が、現社名を名乗るのが創立90周年を迎えた2007年のことでした。そして、ついに08年10月、それまでナショナルブランドも並行して用いてきた松下電器産業が300億円の巨費をかけ、「Panasonic」にブランド統一し、社名も**パナソニック**株式会社に改めたのです。

こうした**グループ再編の波は持株会社（ホールディングカンパニー）を急増させ、それに伴い、ゼロ年代には年間平均で40社以上（06年に至っては70社以上）が社名を変更**しています。これはいちいち例を挙げないでよいでしょうが、博報堂のような広告代理店ですら、すでに傘下に収めていた大広と読売広告社の株式を移転し、03年には**博報堂DYホールディングス**を設立。各社並びに博報堂DYメディアパートナーズが子会社という位置づけです。そして、05年1月には東証1部への上場も果たしているのです。

広告代理店のようなメディアが上場する。それすなわち、多くの資本家の投資対象となることを意味します。細かな部分はまだしも、経営の大きな方針は株主らの承認を得て進めていくため、ますます**広告自体のグローバル化という名の画一化は避けられない**のです。

そこへカウンターパンチを浴びせられるのが、99・7％の中小企業（私だってその事業主）の営みであり、その広告表現と言えなくもない。私はこうした大きな流れに抗うことも時に必要と考えています。この本を手に取ってくださった皆さんとともに、ひとつネーミングの本義に立ち返ってもみたい。だから、2章では「適材適所」を強調しました。

川は流れに上手く棹を差し、下るのが今でも当たり前ですが、近世には全国で川上りも発達したようです。有名どころは京（伏見）〜大坂間の淀川、富士川、利根川（鬼怒川）などで、舟に縄をかけては人力や家畜で曳いて一部ルートを遡上したそう。

むろん、急流で通常のようには遡行できなかったので、乗組員は舟を降りて水浸しになる。冬には辛い作業でしょう。しかし、このままグローバル化の寒波に呑まれ、凍え死ぬ前にそれでもやってみよう。99・7％の民にもまだまだすることがあると思います。

ネーミングの準備5箇条

本章ではこれまで「準備編」と言いながら、むしろネーミング・ブランディングについての解説と、心構えばかり語ってきました。というのも、そのための準備は実に簡単で、A4の紙1枚で済んでしまう。それは受験や語学の対策と似通っていて、皆さん、とうにご存知とも思うのです。そこで勿体をつけて、さもノウハウがあるように書く水増しは私にはできません。
ということで、箇条書きにしてみましょう。

1・言葉の引き出しをいかにして増やすか?
2・辞書で言葉を探し、その意味を探る。予習は入念に。
3・ピンと来た言葉は辞書やネット検索でとことん掘り下げる。
4・時にことわざが巧妙なフレーズを引き連れてくれる。
5・伝える相手をいつも思い描き、ネーミングでの対話を試みよう。

本当にあらゆる勉強の心得とそっくりでしょう? 端的に言えば、勉強が得意な人はネーミングのコツもすぐにつかめてしまうはずです。でも、これだけでは不親切と言われてしまいそう。根がサービス精神旺盛な質なので、では、一つ一つ簡単に説明しておきましょう。

好奇心がボキャブラリーを増やす

1・言葉の引き出しをいかにして増やすか？

1は中でも特によく言われますね。私など、どう語彙を増やせばいいのか——と尋ねられても答えに窮してしまう。本が好き、新聞は隈なく読んだ上で折込チラシにまで目を通す、映画の台詞、ポップスの歌詞など印刷される以外の言葉にも関心を持つ……といったことの蓄積が、コピーライターに限らず言葉を生業にする人には問われるわけです。

ただ、未経験者がプロと同レベルをいきなり目指すなんて無理だし、生産的ではない。よくこの手のネット記事で出てくるのが、「気になったコピー、ネーミングはメモしておくこと」といった類のメッセージ。そして、自分だけの言葉のコレクション帳を作るのがオススメ——なんて書いてある。気づきをメモするのはむろん有効ですが、それで満足していたらなにもならない。むしろ、**なんでこの言葉が気になったのだろう**——という次元まで辿って考えないと、自分の問題意識も体系立てられません。

欲しいのはただ言葉を放り込んでおく段ボール箱じゃないですよね？ それを整理してしまっておけ、必要に応じて取り出せる引き出しでしょ？ いったんは箱になんでも入れておいても、整理を進めないと意味がない。だから、メモをじっくり読み返し、ノートに取るとか、誰かへのメールでいちおうは伝えておくことが重要です。それが自分宛であっても構わない。

問題意識も多方面に向かうでしょうから、各々話題を共有できる相手を持つのも大切。彼らとのやり取りの集積が結果、ちょっとしたテーマごとのノートになっている――という例などもあり得ます。そこで5の「対話の重要性」がますます大事になってきます

言葉と友達になる素朴で地味ながら最良の方法

2・辞書で言葉を探し、その意味を探る。予習は入念に。

2の「辞書で言葉を探し、その意味を探る。予習は入念に」というフレーズ。実は東京都立白鴎高校でずっと言い伝えられてきたモットーです。

同校は1888年に東京府高等女学校として創立。2年後には東京府立第一高等女学校と改称した戦前からの名門で、「浅草の一女・小石川の二女（現竹早高校）・麻布の三女（現駒場高校）」と並び称されたナンバースクールでした。まだ高女時代の出身者には自由学園の

創始者の羽仁もと子さん、評論家の石垣綾子さん、女優の沢村貞子さんや奈良岡朋子さん、三木元首相夫人の三木睦子さんが出ており、戦後すぐに共学化されて以降は、童話作家の立原えりかさん、漫画家の池田理代子さんも輩出。いずれもとても優秀で、旺盛な独立心を持った人たちです。

だからこそ、このモットーが生まれた。女性で優秀な人はあまり塾や予備校などに頼るような、受け身の勉強はしないものです。特にかつて同校はお嬢さん学校でもありましたから、自学自習が当然だったのでしょう。でも、この「友達」という表現がなんとも微笑ましく、女子校らしい。

いや実際、**ネットで誤った言葉の意味や解釈が平然と流布してしまう今日、辞書を引くことはとても大事**です。少し前、立命館小学校も辞書引きを徹底させる指導で評判になりましたね。なにを当たり前な——と思ったら、今の学習指導要領では、国語辞典を使っての授業は小3からなのだそうです。

立命館小式の辞書引きは付箋を貼ることで、調べた言葉の数が一目瞭然となる。そのせいで辞書が分厚くなり、奇妙に変形してしまうけれど、子どもの達成感を煽るには効果的なやり方です。ただし、それを大人が真似しても仕方ない。辞書を友達としてもっと丁寧に扱わねば。

英語などで、何度引いても忘れてしまう苦手な単語が誰にもあるはず。でも、それならあえてラインマーカーで印もつけず、覚えるまで幾度でも訪ねればいい。

「やぁ、また会いましたね。どうも申し訳ないことに、あなたをすぐ忘れてしまうんですよ」とその言葉に挨拶すると、「いえ、覚えにくい名前でかえってごめんなさい」なんて返事をしてくれたりして……。こうなると、言葉一つ一つが友達。取っつきにくい相手のほうが、いったん仲よくなると離れがたいもんです。

最新の『広辞苑（第六版）』だと、総収録項目数は24万件。それだけ友達がいるということですね。頼もしい！ **彼らを使って仲よく予習**をする。それがネーミングでも肝心なんです。先んじて辞書を引き引き、次の授業で取り上げる教科書の内容を読むだけで、勉強もずいぶん楽になります。それがネーミングの場合、名前をつけようとする分野ごとの参考文献になるわけです。

しかし、これはネットを使ってでも構いません。わからない専門用語が出てきたら、すぐ検索する。必要に応じてメモる。ちょっと難解でも、役に立ちそうな記事はともかく最後まで読む。ここで気をつけなければならないのは**バイラルメディア、いわゆる〝まとめサイト〟には間違いが多い**ということですが、詳しくは後述しましょう。

単なる言葉ハンターになるべからず

3・ピンと来た言葉は辞書やネット検索でとことん掘り下げる。

3の「ピンと来た言葉は辞書やネット検索でとことん掘り下げる」はいたずらに言葉を駆り集めたところで、身につかなければ無用の長物ということです。

よくタレントが利口ぶって、バラエティ番組で言い間違いをする。彼らはそれをMCに指摘され恥をかいても、そこで笑いを取れるからいい。しかし、それと同じことがネット記事で頻繁に起こっている。しかも、数が多すぎて誰もまともに指摘しない。そして、大きな間違いをしでかした時には、現にDeNAが運営する医療系ニュース「WELQ」などのような、まとめ記事サイトが続々と閉鎖に追い込まれてしまう。ネット記事での情報収集も信頼性の高い媒体を通じてするのに越したことはないでしょう。

そして、1でも参照したネット記事の例をまた引き合いに出すと、「ひたすら気になる言葉を集めたら、後は咀嚼してみることが大事」、そこで「いいね！」と思ったものをじっと眺めていれば、必ずや共通項があり、「公式のようなものが見えてくる」んだそうです。かなり投げやりな説明。みんな、この点こそ知りたいんじゃないかな。

だから、次の章をじっくり書いたわけですが、その公式とやらも、習わないとどこにあるのだかわからないのが普通で、それをリテラシー（読解記述力）というのです。

文章ほど長くないが、**コピー・ネーミングの言いたいことはなにか──をさっと読み解くにも、多読による訓練はいる**でしょう。それも自分の表現に結びつけようとするには、まずは読むしかない。しかし、ただ読むうちにぼんやりと秘訣など見えたら天才だ。文は書くにも読むにも、まずは型をつかむものです。

典型的なのが和歌（短歌）や俳句や川柳で、それらは五七五七七か五七五という文字制限の中でいちおうは成立しています。しかも、伝統的な俳句には季語を入れるルールもある。その制約の中で**「読んで詠む」ことを繰り返し、いわば自身の最適解を導き出す**。言葉を吟味し、自己流に使いこなす訓練をしないとなりません。

実は私自身、長年俳句を嗜んでいますが、こうした定型詩を理解することは、コピーやネーミングの感覚を磨くのに大いに役立っています。型とか基本を最初にきちっと教わっておかないと、俳句なら自由律に踏み出すにも、どこか取り留めなくなってしまう。ピカソが歳を追うごとにあんなにも大胆な変化を遂げられたのも、基礎がしっかり身についている自信があったからでしょう。

たくさんの言葉を摂取し、その海に溺れてしまうくらいなら、いくつかこだわりのある言葉を核にし、それらの可能性をとことん追求する――というやり方もあっていい。言葉はいかにスパルタで鍛えても、逃げ出したりはしません。誰よりも信義ある友達ですからね。

ことわざはなぜ人の心に刺さるのか？

4・時にことわざが巧妙なフレーズを引き連れてくれる。

4の「時にことわざが巧妙なフレーズを引き連れてくれる」。私たちの世代だと、やたら四字熟語やことわざを会話でも使いたがる者がいます。というより、それが習い性になっているのでしょう。家では親が、学校では先生がとかくことわざを使ったため、耳にこびり着いているのです。

今や各社から四字熟語辞典も出ていますが、ウェブ上にもいくつかあって、そこにはその日までの検索ランキングも載っています。ＯＲＩＣＯＮ ＳＴＹＬＥが今年5月、中高校生から40代までの男女1０００人を対象に、四字熟語のおける人気ランキングをリサーチした結果は表のようになりました。

断トツで1位が「一期一会」。人間は出会いと別れを繰り返すものですが、社会的地位や年代、性別も超え、初対面の相手を敬う気持ちを持とう——と少なくとも思ってはいるわけですね。2位がちゃっかり「一石二鳥」なのも、いかにも見かけは単一民族の、日本人らしい棚ぼた期待感の現れでしょうか。そこで「二兎を追う者は一兎をも得ず」にならないといいのですが……。

2015年2月には、nifty ニュースの人気連載「なんでも調査団」がことわざで同様のアンケート結果を発表しています。この場合、いわゆる座右の銘ですね。これがみんな堅実なことわざを選ぶんです。

男女合わせた総合1位は「継続は力なり」で44%とこれも断トツ。次いで2位は同率20%が3つで「備えあれば憂いなし」「為せば成る、成さねば成らぬ何事も」「思い立ったが吉日」。5位は「石の上にも三年」で15%でした。

面白いのが女性のほうが、「思い立ったが吉日」が2位、「笑う門には福来たる」3位とポジティブ・シンカーなんですね。特に「笑う門には福来たる」は男性が9%に対して女性が24%と、15%もの差がある。確かにいつもニコニコしている女性は好かれますよね。

好きな四字熟語	
1位	一期一会
2位	一石二鳥
3位	初志貫徹
4位	切磋琢磨
5位	有言実行

（出典）オリコン調べ（2007年）

一期一会を大切にしつつも、一石二鳥をいつも狙ったり…。本音と建前を使い分ける日本人の“らしさ”がここにも覗く。人間は綺麗事だけでは生きていけない？

いわば、**ことわざやアフォリズム（格言）というのは古来からのキャッチコピー**。よく金言・金句とか箴言などとも言いますが、ことわざが庶民の生活の知恵から生まれた、出典不明な言葉が多いのに対し、格言は昔の聖人・偉人・高僧などが言い残した言葉や、古典に由来する例が多い。

その伝でいえば、ヒポクラテス曰く「人生は短く、技芸は長い」。これは「すぐれた芸術作品は長く世に残り、また、そうした作品を完成させるにも、人生はあまりにも短すぎる」と戒めているのですね。みんな一生の短さをわかっているから、一芸に秀でたいと望むし、なるだけ多芸多才でありたいとも思うのですね。

人生経験の凝縮が格言やことわざとなる

哲学者にはその効果を考え、アフォリズムを多用した者もおり、古くはパスカルやモンテーニュ、近代以降でもニーチェやエリック・ホッファーがそうでした。ホッファーの名言を集めた著書に『魂の錬金術――全アフォリズム集――』（作品社・中本嘉彦訳）があります。

ドイツ系移民の子としてニューヨークに生まれたホッファーは7歳の頃に母を失うと同時に失明し、15歳の時に回復するという過酷な少年時代を送りました。そのため正規の教育は一切受けていませんが、再び失明する恐怖から、貪るように読書に励んだといいます。しかし、18歳の時に唯一の肉親の父が死に、天涯孤独の身の上に。

　そして、ロサンジェルスのスラムに流れ着くのですが、28歳の時には自殺未遂を起こしています。その後、農園を渡り歩く季節労働に就いて、精神の平衡を取り戻し、カリフォルニア大バークレー校の柑橘類研究所研究員というポストも持ちかけられますが、気ままな生活

Q あなたの座右の銘に近いことわざを以下の中からすべて選んでください。

相変わらず、「継続は力なり」が大好きな日本人。その割にはせっかく就職しても３年で辞めたり、変わり身が早いんだよなぁ。ま、努力＝我慢ではありませんが…。

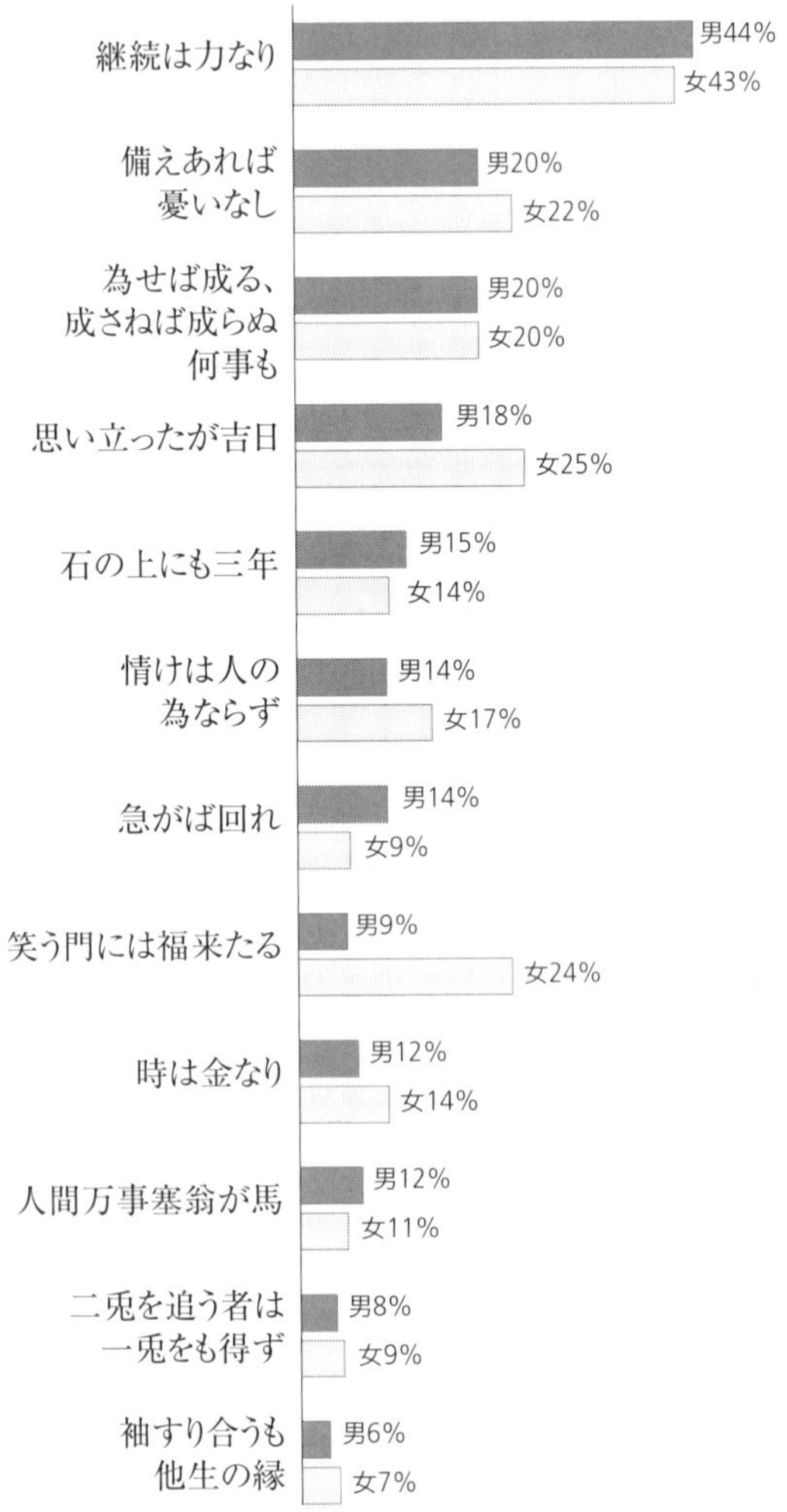

（出典）niftyニュース
（アンケート実施日時：2015年2月6日～2015年2月12日）

を選び、40歳を前にしてサンフランシスコで沖仲仕となり、65歳まで働きました。62歳から8年間、カリフォルニア大学バークレー校で政治学を講じるまでになっても、しばらくは沖仲仕を辞めなかったのです。

おそらくホッファーは34歳で出会ったという、モンテーニュのこんな文句に刺激を受けたのでしょう（岩波文庫版『エセー（1）』原二郎訳より）。

「**言葉においても、珍しい文句や、人のあまり知らない単語を探しまわるのは子供じみた、衒学的な野心からくるもの**です。私は何とかしてパリの市場で用いられる言葉だけを使ってすますようにしたいものだと思います」（強調は筆者）

これに呼応して出た自身のアフォリズムがたとえば、「われわれは自分自身に嘘をつくとき、最も声高に嘘をつく」とか「「何者かでありつづけている」ことへの不安から、何者にもなれない人たちがいる」といった、短く鋭い警句でしょう。

狭い範囲にしか届かない学術用語を駆使することで悦に入る。そんな専門バカは今でもたくさんいますね。でも、彼らは真の知的パーソンとは見なせない。**どんな高次の観念でも、できるだけ市井の言葉で語られるべき。**

エリック・ホッファーの珠玉の言葉

世界はわれわれ次第である。われわれが落ち込むとき、世界もうなだれているように見える。

人間の価値は、引き裂かれた複数の自己認識にある。

不満を抱くことは人生に目標を持つことに通じる。

Tu-Ka

04年にそれまでブランドだったKDDIが子会社を整理して正式発足し、携帯のauへの一本化とともに消滅。たった四半世紀でモバイル通信の世界はガラリと変わった…。

いわんや、広告においては。だから、広告界におけるカタカナ語の乱立も本当になんとかしたいものです。

ニッカウヰスキーの創業者、竹鶴正孝とその夫人の一代記を描いた、2014年度下半期のNHK朝の連続テレビ小説『マッサン』はまだ記憶に新しいですが、このドラマ、ことわざが週の内容を表すタイトルになっていました。

第4週：「破れ鍋に綴じ蓋」、

第9週：「虎穴に入らずんば虎子を得ず」、

第16週：「人間到る処青山有り」……といった感じです。

難しくて長いのもあれば、簡単で短いのもある。ともかく、それだけでドラマの展開を要約できてしまうのですね。会話の端々にことわざを使っても、「みなまで言うな」といった調子が出る。私たちよりさらに上の世代となると、だから盛んに使ったんです。今より阿吽の呼吸、以心伝心を重んじてもいましたし。

そして、この**格言やことわざを知っているのと知らないのでは、広告を楽しむ上でも差がつく**のです。なんといっても、ことわざネーミングというのもある。すでになくなった会社ではありますが、ツーカーセルラーの〝Tu—Ka〟とはまさに「つうかあの仲」から来ています。

この互いの意思疎通が上手く行っているという意味の「つうと言えばかあ」ですが、由来は以下の通り、話の前置きもあまりないまま、江戸っ子が突然「〇〇つぅ(ことだ)」と発言し、聞いていた相手が「〇〇(って)かぁ」と答える。「つう」と「かあ」の元の形は終助詞の「つ」と「か」。文の一番終わりに使われ、その文全体に意味を添える言葉です。

これ、自問自答の際などによく口にしてますよね。酔っぱらいが「カーラースなぜ鳴くの～か」などと歌ったり、あるいは、女子高生が「つーか、これよくない?」などとくっちゃべっている。気の短い江戸っ子でなくとも、ことわざのような短いフレーズでうなずき合えるのは、やはりツーカーの仲である証拠なんです。

商品名が持つコミュニケーション力に注視せよ

5・伝える相手をいつも思い描き、ネーミングでの対話を試みよう。

5の「伝える相手をいつも思い描き、ネーミングでの対話を試みよう」。むろんネーミング作成の際も、多くの人に問いかけることで、それが通用するか否かを判断し、また改良点など見出だします。この件について最早、言葉を費やすこともないでしょう。ホッファーのような読書を通じての自問自答も、充分にコミュニケーションと言えるかもしれません。

しかし、ネーミングがコミュニカティブかどうか――という意味合いも実はそこにはあるのです。簡単に言えば、目にしていて、実際の字数以上に言葉が膨らんでくる。一個のネーミングが勝手に複数の言葉を連想させる、いや、それを用いてのやり取りまでにも増幅するようなイメージです。

2000年よりサントリーフーズから発売されている**機能性**飲料、「DAKARA」のネーミングはその意味で大変優れています。「～だから」という問いかけ、「だから！」という自信、カラダ（身体）とのアナグラム……非常に多層的でコミュニカティブ。キャッチフレーズの「カラダ・バランス飲料」がさらに援護射撃します。

他の機能性飲料がスポーツと絡めて訴求されるのと違い、製品自体もしっかり差別化ができています。調査の結果、一般にスポーツドリンクが飲まれるのは、スポーツ後ではなくむしろ二日酔いの後や仕事の合間など、食生活の乱れを調整する意識ゆえ。だから、そのようにコンセプトが再設定され、研究にもさらに2年を要したそうです。

12年4月から発売されている派生製品の「GREEN DA・KA・RA（グリーン ダカラ）」の広告展開もツボを得ていますね。これは11種類の自然素材と純水だけで水分補給に適したイオン濃度と浸透圧に調整されている。だから、より健康飲料をアピールできるので

ダカラ

先発のダカラを追い抜く勢いのグリーン・ダカラ。名前で栄養補給を強調し、実際の姉妹をCMタレントに起用し、家族で飲む機能性飲料というスタンスを明快に打ち出している。

す。グリーンダカラちゃんという子役のキャラを立たせたCMも面白い。放映開始の段階ではわずか3歳という、しずくちゃんはほとんど素人。仲良しの実の妹、なぎさちゃんがおり、13年7月発売の姉妹商品「やさしい麦茶」のキャラクター、ムギちゃんとしてCMに登場しています。

サントリーは他にも「なっちゃん」という、秀抜な**呼びかけネーミング**のロングセラー商品も販売しています。これなど「みんなで楽しく遊んだ夏、隣に住んでいた女の子の名前」という設定からネーミングされました。なっちゃんと飲んだあのジュース、おいしかった——という豊かな情緒性がある。初代なっちゃんの女優の田中麗奈はおかげで大いに売り出しました。

サントリーにはかつてオレンジ50という、〝♪私言います 母さんに〜〟のコマソンも名曲として残っている商品がありました。ここでも女優の原田美枝子がセットで売り出された。コミュニカティブな広告展開が得意なのです。

看板のウィスキーは当然、誰かと飲む前提。それは大衆品のレッドでも高級品のローヤルでも変わらない。呼びかける相手が違うだけ。レッドなら、女優の大原麗子が市川崑演出のドラマ仕立ての世界の中で「少し愛して長く愛して」とつぶやく。リザーブなら、名監督黒澤明が撮影スタッフと大いに歓談する場面を捉える。

ちなみに同社は最初のヒット商品である「赤玉ポートワイン」の赤玉がもともと現している太陽＝サンと、創業者の鳥井信治郎の鳥井のトリーをくっつけ、社名もサントリーとしたそうです。しかし、ここにも単に鳥井さんを逆さにしただけ――という都市伝説が残されている。いまだに非上場でファミリー気質が強い会社ならでは……と思ってしまいます。

コンビニの棚には商品が溢れ、人々はネットでも仮想のコミュニケーションに溺れつつ、実は相当に乾いて・渇いている。そこへこんな**〝呼んでいる〟ネーミングの商品が目に飛び込んでくると、客は思わず応じてしまう**。ストレートな呼びかけネーミングでなくとも、商品名が持つコミュニケーション力にはぜひ留意してください。

第４章

知っておきたい、ネーミングの**法則**

言葉の算数がネーミングだ

ネーミングとはマーケティングである

これまでの第3章で、ネーミングがどう私たちの消費生活に関わり、購買行動を促しているかを次第に理解していただけたかと思います。そこで**本章と次章では、具体的なネーミング作成のプロセスをお伝えしましょう**。その際、掲載した図版がなにより雄弁ですので、それらと照らし合わせつつ、読み進めてください。

もっとも、ここまでにもいくつか細かいギミックは先に紹介していますし、繰り返し訴えていた要素がさらに絡んでもきます。それをよりロジカルにインプットしていただきたいと思うのです。

ネーミングはなによりユーザーへのメッセージ。その基本さえ踏まえていただければ、絶対の法則があるというわけでもない。読者の皆さんなりの法則をむしろ、ここで述べるロジックに当てはめてみてください。

最初になにより、セールスすべき商品・サービスがなければ始まりません。なにを当たり前のことを言っているのかって？　でも、あなたが売りたいものが同業者のそれとどこがどう違うのか、はっきりと差があるのかないのか、きちんと認識できていますか？

つまり、**名前を付ける価値が自分の商品・サービスにあるという自信を持つ**。

名前を付けるのにも、まず商品に特徴が要る。差別化が難しいものであっても、どこかで差異を見出ださねばなりません。八百屋の店先にある人参にも値札には産地くらい書いてある。――と思いきや、最近ではそうでもないのです。そこにヒントがあります。

日本の人参の生産量は別表の通り。総生産量約63万トンのうち北海道でその約30％の大体19万トン、次いで千葉で18％の12万トンを作っています。涼しい気候でよく育つため、北海道産の人参はほとんどが秋に、2位の千葉県では冬場に、3位の徳島では逆に、寒い時期にハウスで育った人参が初夏に収穫されます。よって、北海道産が大勢を占める時期もあるので、あえて店頭で産地を示さないという例もあります。技術も進歩し、国土が縦に長い日本では、このように野菜の産地リレーが当たり前になってきました。時期を問わない野菜とはいえ、露地育ちならやはり秋から冬場に甘みが増します。

このように収穫時期、また産地と品種によっても若干は好みが変わってくるでしょう。もしあなたが青果店を経営するなら、自分の好みでも構わないので、その**差異を見出だし、大いに店頭で謳《うた》う**べきなのです。それもまた、ネーミングです。

ところで、日本で一般に流通しているほとんどは西洋系の5寸人参。現在（13年度）、北海道で栽培されている人参の56％は「向陽二号」という品種で、全国的に見てもシェア50％前後には達するようです。向陽二号はタキイ種苗の創業150周年を記念し、トマトの「桃太郎」と同時に1985年に販売開始。わずか30年で人参の代表銘柄となりました。

向陽二号が好まれるのは、春でも夏でも種まきができて収穫量が多く、晩抽性といってじっくり形よく育ち、病気にも強いから。そして、最大の特徴は痛みにくいことです。それまでの主力品種「黒田五寸」は秋にしか種をまけず、水分が多いため流通の過程でよく黒ずんだりし、また臭いも強いので子どもに敬遠されがちでした。

ところが、向陽二号は味もマイルドになり、登場以来、「人参嫌いも減った」と言われています。ただそうなると、これはなんにでも当てはまりますが、昔の味を懐かしむ人も出てきます。臭みは旨味。あの人参らしいエグさを快味と感じる人は、私たち世代には少なからずいます。

全国の都道府県別ニンジンの生産量

1	北海道	187,000t
2	千　葉	117,100t
3	徳　島	54,200t
4	青　森	38,200t
5	長　崎	35,500t
	全　国	633,200t

（出典）平成26年産野菜生産出荷統計より

だから、あえて不人気となった黒田五寸を取り寄せ、「**昔味**」と喧伝するのも差別化の一手段かもしれません。黒田五寸はその濃い味わいがジュースに向いていますが、原産地の長崎県大村市でも作付面積がどんどん減っているそうですから、生産者の顔が見えるような販売の仕方にも工夫するのも一考。

一方、徳島では早生の「彩誉《あやほまれ》」という糖度の高い品種が人気で、これは「甘くて美味しいプレミアム人参」と評判といいます。では、そちらも仕入れて用途別を意識し、グラッセや煮付けに最適な「**甘々人参**」とでも銘打てば、購買者に人参の使い分けを刷り込めるかもしれません。

でも、この「彩誉」という名がすでに、なんだか果物か日本酒みたいで素敵ではないですか？　実際、果物のような甘みと爽やかな味で「衝撃のにんじん」と呼ばれているくらいなので、きっと開発者に問い合わせてみれば、〝深イイ話〟が聞けるかもしれない。その結果は後述しましょう。まず確認です。

商品に愛を持たなければ始まらない

この人参の例で**ネーミングにとって大事な2つのプロセス**をいっぺんに説明したことになります。**ひとつは「商品に特性を盛り込む」、もう一つは「市場を把握する」**ことです。

その順番は一般的な大量生産品を扱う場合、後者が先でしょう。しかし、中小の生産並びに販売に従事する人にはまず、商品の特性を的確に名前にすることのほうが先決だと思います。人参の販売例に従えば、シェアを向陽二号が寡占しているのはわかりきっている。だから、それを主体には扱わない――という前提が早い段階で成り立つ。

そして、**マーケティングの次の段階がターゲットの絞り込み**。これも実は先の例で半分説明がついていますね。要は「昔味」か「甘々」のどちらに特化するか、その両方を狙ってみるか――ということです。

人参にも加工用品種まで入れるとエラく種類があり、タキイ種苗のサイトだけでも20種扱っています。しかし、そこには先の彩誉は含まれません。これは大阪の岸和田市原産で、種を扱っているのも開発者で大阪市にあるフジイシードだけ。

同社は従業員数も、749名のタキイ種苗に較べて18名と、小じんまりした会社ですが、「彩誉で日本一を目指す」と意気軒昂。その意気やよし！――で、この品種が出回る冬季に集中して販売すれば、常連獲得にもつながりそうです。

さて、彩誉の名前の由来について同社に問い合わせてみた結果ですが、案の定、作り手の思いの籠った逸話が聞けました。

そもそも1998年に彩誉は開発に成功。品評会で1位も獲得しました。となると、同社が種苗に通常附す記号のままではマズい。藤井敬士社長は想定より早く名前をつける必要に迫られたのです。そして、**商標年鑑等も調べ、いくつか候補を出した**のですが、それでも先行の類似と判断される種が先にあった。それで2日ばかりかかり切りで名前を考えたといいます。

「果物と違い、やはり野菜は漢字名が多い。先の人気品種も黒田に向陽、やはり漢字を使お

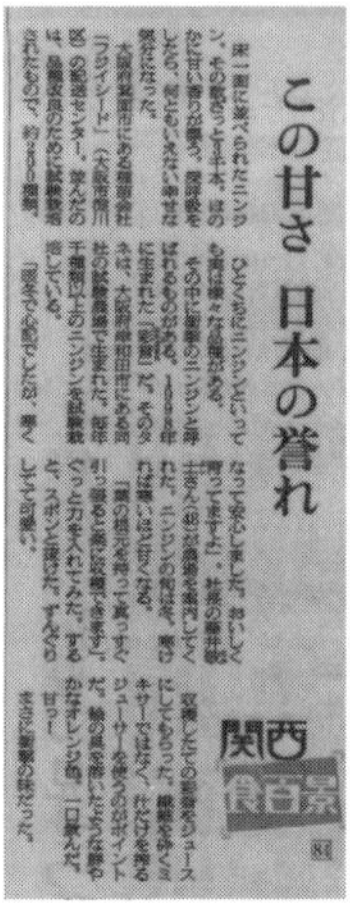
この甘さ　日本の誉れ

関西
食百景
81

にんじん「彩誉」

うと、いくつも出しては組み合わせてを繰り返しました。綾という字には〝鮮やか〟という意味もあるし、赤々しい新しい人参のイメージに合う。そして、誉という字に『いい品種を作った』という私たちのプライドを託したんです」

と藤井社長。会津ほまれ、北の誉、越の誉、惣誉、譽國光……などなど、〝誉〟と名のつく日本酒も多い。そこには作り手のプライドが滲み出ています。しかし、開発当初は自分たちでもそこまで甘さが際立っているとは思わなかったそうで、06年の「日本全国野菜フェア」に出品時、ジュースにして来客に提供すると、瞬く間に行列ができたことに驚き、それからブランド展開を思いついたのだとか。

そして、08年に千葉県の農協の協力を得て10数戸の農家と生産契約を結び、当初は新宿の高島屋のみで「彩誉」の名で限定販売。これが飛ぶように売れ、徐々にその名が浸透してきたのです。藤井社長はこうも言います。

「売れたらいい名前になるんです。耳に何度も入るうちにいい響きに変わる。トマトの桃太郎だって同じでしょう。

それは桃に似ていなくはないけど、出始めは『なんで桃なの？』と受け止める人が圧倒的だったと思います。彩誉も以前は『競馬馬の名前みたいだ』なんてからかわれましたよ。でも、今では皆さん、いい名前だとおっしゃる。そして、少なくとも甘みの乗った冬季は『彩誉』として店頭に出してくださる販売者さんも増えました」

フジイシードは人参以外にもトウモロコシ、レタス、ホウレン草の4品目に特化して種苗を生産しています。赤味を帯びたリーフレタスは「ドレスアップ」、生でも食べられるスィートコーンは「きみひめ®」と、その他の命名も洒落ています。

「彩誉」に近づいていった沈着冷静なプロセス

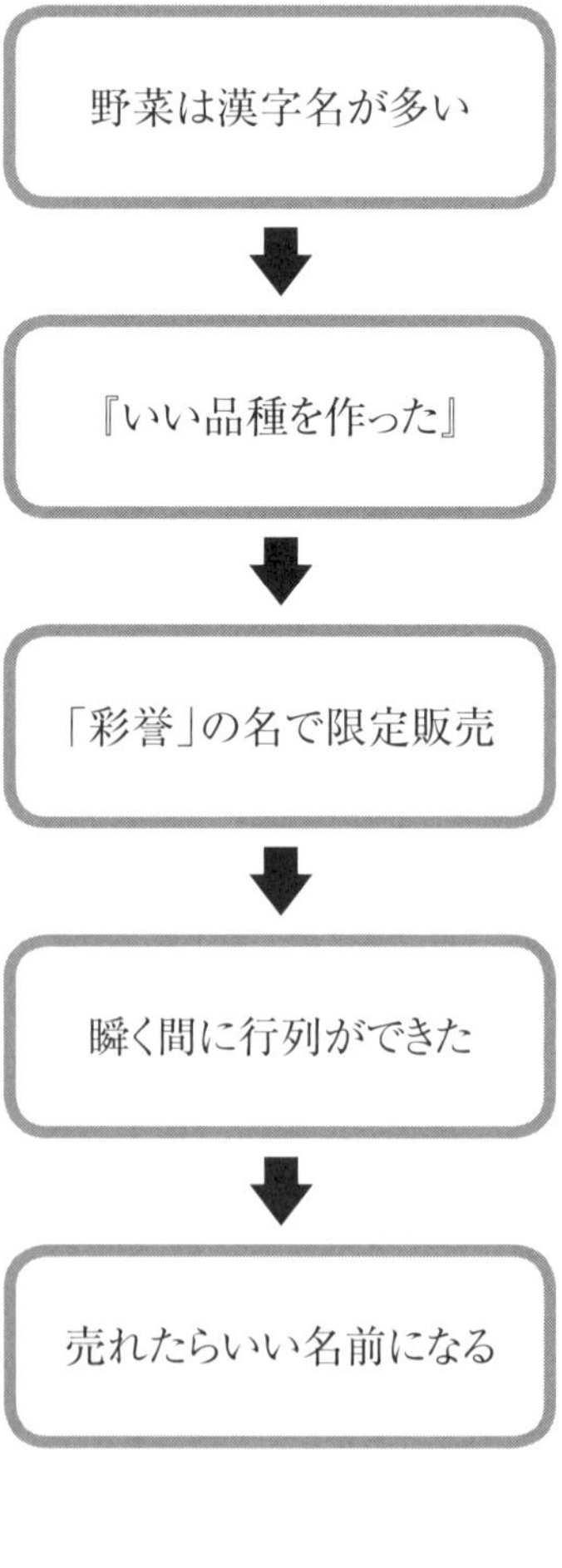

野菜は漢字名が多い
『いい品種を作った』
「彩誉」の名で限定販売
瞬く間に行列ができた
売れたらいい名前になる

ネーミングにはマトリクス思考が使える

いかがですか？　ここでも名は体を表してもおり、また命名者の熱い思いが商品に注がれていることが実によくわかります。瓶詰めで有名な桃屋の例（左）にも近い。同社の場合も、社長のトップ判断で商品名を決めてきました。まさに社長の鶴の一声。しかし、ひらめきに頼らず、いくつもの名前を挙げ、それらを打ち消しながら、「彩誉」に近づいていったのです。

この沈着冷静なプロセスを踏む必要は、やはり頭に入れてはおいてもらいたいと思います。**まず成すべきはキーワードを見出だす**こと。そのやり方がこの15年くらいでドラスティックに変わってきました。というのも、インターネットが発達し、その検索エンジンのスペックも格段に向上したからです。

最近ではなにか不思議に思えたり、妙手が浮かんだりすると、「すぐ検索」が癖になっている人も多いでしょう。辞書や図鑑を引くより手っ取り早く、いっぺんにたくさんの回答や方法論が得られる。とかく〝善は急げ〟の今日日、会議中の検索でも大目に見られるようになりました。

第1章の冒頭に紹介した新奇な命名でわかるように、ことに日本酒は無限大に言葉が出てきます。というのも、そこでも説明しましたが、日本酒にはまずは蔵のある地域名、仕込み水や米・麹などの使用原料の名や産地名、生もと造りや山廃造りといった製造法や工程名、生蔵主や杜氏など生産に携わる人の名や出自、酒好きとして知られた（地元の）著名人の名、味わいそのものといった、様々なベクトルがあり、それぞれから名前を採れる可能性があるからです。

これも述べましたが、酒の銘柄でよく使われる上位の漢字は並べると「山鶴正宗」。それらが好まれてきた理由も、要は日本国中どこにでも山はあり、鶴は千年と縁起がよいだけでなく（万年の亀より）スマート、そして、正宗というベストセラー銘酒にドミノ倒しで各蔵

桃屋のネーミング

江戸むらさき
ごはんですよ！

江戸むらさき

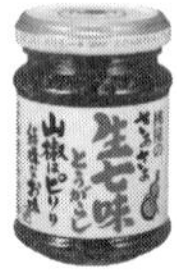
さあさあ生七味
とうがらし
山椒はピリリ
結構なお味

辛そうで辛くない
少し辛いラー油

江戸むらさき
江戸むらさき　幼なじみ
江戸むらさき ごはんですよ!
江戸むらさき お父さんがんばって!
辛そうで辛くない少し辛いラー油
さあさあ生七味とうがらし
山椒はピリリ結構なお味

江戸むらさきは創業者の小出孝男が手がけたが、ごはんですよ！以降はすべて前会長、現相談役の小出孝之さんの作。「当時は『時間ですよ』のドラマも流行っていたし、食事の時に女房が『ごはんですよ』といつも呼ぶので」つけたそう。なんと単純な！ 辛そうで…のもどかしさはかってない感覚。とても素人技とは思えない。いや、素人だからの潔いネーミング？

元があやかった――ということでしたね。本来、酒の名など最も地域性に根ざすはずが、案外そうでもない。むしろ、昔のほうが生産地という最大の属性にこだわらず、より一般性のあるネーミングを志向していた――というのが結論でした。

そこで特に産地も製造法も限定せず、原料も酒米や麹の指定もせず、ただざっくりと「酒」にまつわる要素を大きくカテゴライズし、次ページの図のようにざっくり4ブロックに分けてみました。まずは**「米」**。ただし、米から酒をダイレクトに連想させる言葉は乏しいかも。酒を飲めば、当然「酔う（**「酔」**）」わけで、こちら絡みの言葉も扱ってみましょう。「米」「酔」に続くブロックは**「人」**。すなわち「作り手」や「飲酒の象徴＝酒仙・酒豪と呼ばれる人物」、そして**「旨味」**とします。

そして、**それぞれのカテゴリーに関する名前を捻ってみることにする。つまり2×2マトリクスを描く**わけです。もちろん、現実には産地名（ことに取水源となる川や泉など）と製造工程は重要なので、それも上掛けする前提で眺めてください。本来は2と3の位置にそれらが来て、他が順送りになるのです。

しかし、それではマトリクスではなく、マンダラートに近づいてしまう。マンダラートとは3×3の9マスを書き、中心の1マスにテーマを書き込み、周りの8マスはそれに関連す

ブロック図

3 「人」 「菊千代」 「上杉謙信」 「若山牧水」 「内田百閒」 「美空ひばり」 「景浦安武」	1 「米」 「八木」 「禾穀」 「穭・稲孫」 「田の実」 「飯米」 「舎利」
4 「旨味」 「香り高い」 「コクがある」 「さわやか」 「淡麗」 「濃厚旨口」 「味が濃い」	2 「酔」 「微酔い」 「底なし」 「ざる」 「飲ん兵衛」 「へべれけ」 「きゅっ」

マンダラート図

米	酔	醸
豪	酒	献
濁	客	呑

る事柄で埋めていく思考法です。ただし、この穴埋め作業をひたすらランダムに繰り返す作業となり、仮想設定にしては複雑過ぎるので、その採用はここでは避けます。

ネーミングはマーケティング。それを立証できる、日本国中で通用する仮説としたいので、前振りとしてはこうしましょう。一日本酒ファンに過ぎなかったあなたが、たまたま宝くじで数億円当たり、一念発起で酒造りを試みる。ただし、経験もですが、地縁は一切なし。まずは自分が飲みたい、またこんな名前を付けたい酒を作る――という意欲だけで出発する……。

ブロック1 「米」――米の別称はこんなにあった！

ブロック1は「米」＝日本酒ということで、まず類語辞典で米を引くと、見覚えのない言い換えがずいぶん出てきます。

「八木」ってわかりますか？　〝はちぼく〟と読むわけですが、米という字を「八」と「木」に分解しているのです。八十八歳を米寿と呼ぶのと同じ言葉遊び。ただ、単なる俗語でもないようで、享保の改革での「上げ米の令」を見ると、「高一万石ニ付八木百石積り差上げらるべく候」などとあり、「八木」を公式に使用しています。第3章で申し上げた、**「辞書はネーミングの親友」を実感**します。

他に珍しい米に関する言葉を拾うと……稲のことを「禾穀《かこく》」と呼んだりします。稲刈りをした後の株に再生する稲のことを「穭・稲孫（ひつじ・ひつち・ひづち）」という。俳句の季語でもありますが、稲作の奥深さを感じる、ちょっと難解な表現。和歌では多く「頼み」に掛けて用いる「田の実」という言葉も美しい。銀シャリなどと用いられる「舎利」はよく知られていますね。

他には……農家の自家食用米を「飯米」。神に捧げる米は「神米」、新人君は「新米」……ま、そんなところでしょうか。五穀豊穣や豊年満作、八朔や十日夜や新嘗といった、収穫やそれを寿ぐ祭に関連する言葉もそこにつながります。

ブロック2 「酔」——酔態はオノマトペの宝庫

ブロック2の「酔」はみな酔っ払って演じる醜態のほうが印象に強いせいか、あまりよい意味で使われない言葉ですが、微酔《ほろ》い・酔い心地などは**語感の響きが優しい**。でも、広島には「酔心」という比較的メジャーな蔵がすでに存在しますね。

底なし・ざる・蟒蛇《うわばみ》・飲んだくれ・飲み助・飲ん兵衛・左党・上戸……酒好きや大酒飲みを表す言葉もたくさんありますが、「正覚坊」「酒徒」などはちょっと風格を感じる。

飲酒にまつわる**オノマトペ**でいうと、ぐでんぐでんやべろべろ、ガバガバじゃマズいですが、「へべれけ」「ほろり」なら使えるかもしれない。

「きゅっ」や「くぃ」や「ぐっと」「ぐいぐい」「ぐびぐび」ならポジティヴな印象だが、「ちびりちびり」は少しケチ臭い。いささか古語に属するが、「とっちり」も酒を充分に飲む様の意味で、語感はなかなかです。

ブロック3 「人」――人名はバラして使ってみるのが吉

次の**ブロック3は作り手や身近な人の名**。これを仮に「岩永嘉弘」とします。どれも日本酒の銘柄でもよく見かける漢字で構成されているのはまったくの偶然。そこに唐突ですが私の広告業界での師匠、今は亡き「土屋耕一」さんにも入っていただきましょう。この名に連なる漢字もどことなく日本酒っぽいからです。

そう。**ネーミングは長縄跳び**なんです。いろんな名に「郵便屋さん、お入んなさい」とまずは入ってもらう。そして、ぐるぐると回すうち、縄に足を引っかけた名前は退場。最後に残った名が勝者というイメージです。ただ、あまり大人数になると収集がつかなくなるので、関係者以外を加えるにせよ、家族や大切な人に止《とど》めましょう。

この例だと、後に詳述する「ネーミングの4つの基本パターン」の足し算（179ページ）に打ってつけです。土＋岩の「土岩」ではいかにも固いですが、耕＋岩の「耕岩」だとそれらしくなるといった、文字パズルをひたすらここから試みるわけです。

犬や猫の片仮名の名前でも、もしワインだったら使えます。愛猫家としても知られた土屋さんなので、歴史上の偉人の飼い猫の名くらいここに加えたいところ。それではと、酒好きで知られた赤塚不二夫の愛猫で、それこそ日本酒（京都の「富貴」）のCMにも出ていた菊千代にも参加願いましょうか。黒澤明の『七人の侍』の登場人物から採ったこの名も、ズバリ日本酒っぽい。事実、「千代菊」という銘柄が岐阜にあり、そもそも「薄紅葉」という名だったのを黒船来襲の頃、九代目が日本の弥栄《いやさか》を願い、改名したのだそうです。

昔からの酒はとかく、この吉祥にこだわります。とにかくめでたくなくちゃ！　というわけです。千代に八千代にの「千代」、秋の実りを感じさせる「菊」は確かに、薄紅葉よりは語感が濃い。でも、人名というのも親世代の期待がそこに込められていますから、元々めでたい。不吉な人名なんて滅多にありません。

私の「嘉弘」も命名者は海軍軍人だった父ですが、この「嘉」の字はまさにめでたさ満載。会意形声といって、ご馳走の意がある「壴」に、積み上げる意も持つ音符の「加」を足したので、ごちそうが積み上がってまことに「めでたい」となるのです。「賀（財物が積み上がった）」と同系の文字ですね。訓だと他に「嘉《よみ》する」と読んで、褒めるという意味になります。

わりとレアな東京の地酒に福生の田村酒造場の「嘉泉」があります。その名は1822年の創業以来、仕込み水として使われている泉に由来するそうです。田村家の敷地内を手当り次第に掘ったら湧いたというのだから、それ自体が吉祥です。

著名人の名にあやかりたくても、注意が必要

ブロック3は**さらに酒豪として名高い人物で考えてみる。**日本人、それも中世以降に限っても、上杉謙信、福島正則、加藤清正、母里友信（黒田長政の家臣で『黒田武士』のモデル）、平手造酒、芹沢鴨、山岡鉄舟、山内容堂、黒田清隆、秋山好古、岡倉天心、横山大観、若山牧水、内田百閒、稲垣足穂、中原中也、太宰治、坂口安吾、檀一雄、古今亭志ん生、草野心平、田村隆一、田中小実昌、開高健、野坂昭如、石原裕次郎、赤塚不二夫、江利チエミ、美空ひばり、太地喜和子、中上健次……

とまぁ、思いつく限り挙げてもキリがない。誰を選ぶかはしばし保留。伝説やフィクション中の人物をここに入れてもいいけれど、酒呑童子、民謡の『会津磐梯山』に登場する小原庄助、景浦安武（漫画『あぶさん』）、佐伯夏子（漫画『夏子の酒』）、村崎ワカコ（漫画『ワ

小原庄助の墓

福島県白河市大工町の皇徳寺には「伝 小原庄助」の墓がある。徳利の上に伏せた杯が載る墓石のデザインが粋だ。

カコ酒』）……とあまり思いつきません。あぶさんには元近鉄の大虎スラッガー、永淵洋三をモデルにしていますね。

どうも調べると、小原庄助にもモデルがいて、会津の商人説、武士説、塗り師説がある。さらに白河市大工町の皇徳寺には「会津塗師久五郎」を本名とする、「伝 小原庄助」の墓が実在するのです。墓石も徳利の上に伏せた杯を乗せた形。戒名が振るっていて、「米汁呑了居士」。米汁すなわち酒のこと。毎日好きな酒を飲み続け、頓死したなら本望でしょう。

第5章で後述しますが、ともかく名前の被りは避けないと、下手すると〝商標権侵害〟で裁判沙汰です。だから、調べは肝心。大体、先んじて**商標登録がなくとも、同一ジャンルで似たような名前をつけるのは恥ずかしい**。やはりというか、今は終売となっていますが、新潟の越の華に「純米吟醸 景浦安武《あぶさん》」という酒が実在しました。新潟の池田屋酒造は「謙信」という銘柄で知られていますから、これもなしですね。

岡倉天心に関係なく「天心」という酒も北九州市にあります。大分県中津市に蔵元の溝上酒造があった創業当初、天の真ん中に舞う鶴を吉兆とし、「鶴天心」と名づけたのですが、やがて現在地に移転し、同時に「天心」と改めたそう。ここでも鶴が出てきますね。茨城県の日立市の森島酒造の「大観」はまさに横山大観に因みます。4代目の社長が同じ茨城の水戸市出身の本人と交遊があり、同社の酒を愛飲し、ことに気に入った新酒に自らその名を与えることを申し出たそうです。

中年以降の大観は朝食に軽く飯を食うくらいで、日本酒が食事代わりだったといいますが、没年齢90歳と大変長生きしました。しかし、「白玉の歯にしみとほる秋の夜の酒はしづかに飲むべかりけり」と詠った牧水は、酒で身を持ち崩した典型。そんな彼の名も日本酒の銘柄として商標登録されています。

牧水は現在の長野県佐久市に数多あった酒蔵をよく訪ねたようで、武重本家酒造もその一つ。そこで昭和50年代に彼を顕彰して命名し、若山家からの許可も得た――と同社のサイトには記してあります。同社のある地域、旧本牧村の水、すなわち「牧の水」から造られた酒、という意味も込められているそうです。

やはり、**まったく無関係に名を借りるのはルール違反**かもしれません。商標登録上でも「著名性を利用する意図をもってした」公序良俗に反する行いと見なされる場合があります。

それはさておき、実は本名を若山繁という牧水が、18歳でその号を名乗った由来も、「当時最も愛していたものの名二つをつなぎ合わせたものである。牧はまき、即ち母の名である。水はこの（生家の周りにある）渓《たに》や雨やから来たものであった」とのこと。やはり名には想いが隠《こも》り、また響くものなのです。

ブロック4

「旨み」――まだ作られぬ酒の味を想像してみる

さて、**ブロック4がいよいよ大事な旨み**（**味わい**）。これは酒質ということなので、まさに製品あっての物種ですが、それがない場合、**どんな商品を作りたいか**――**という希望をまず名前にしていく**わけです。だから、マーケティングが先に立つ。そして、そのために時に膨大なデータを迅速に読み解かねばならない。しかし、資料の使える、使えない――の判断は即時にしたいものです。だから、前段で述べたように、日頃の読書も疎かにできません。

お酒好きの方なら、独立行政法人・酒類総合研究所（旧国立醸造試験所）が毎年行っている全国新酒鑑評会をご存知でしょう。実に1911年から続いており、最も定評がある唯一の全国規模の酒の品評会です。同研究所が毎年発表する資料に目を通すと、年々の好まれる日本酒の傾向がつかめ、そこにも変化があることに気づかされます。

まず日本酒の国内出荷量は、ピーク時には170万kℓを超えていましたが、他のアルコール飲料との競合などにより、現在は60万kℓを割り込む水準まで減少。しかし、それは単なる日本酒離れではなく、消費者の志向が量から質へと変化してきた証でもあります。現に普通酒の売上げが年を追うごとに、3～4%出荷数量が落ちている反面、純米酒については2～

香りと味わいで分けた日本酒のタイプ

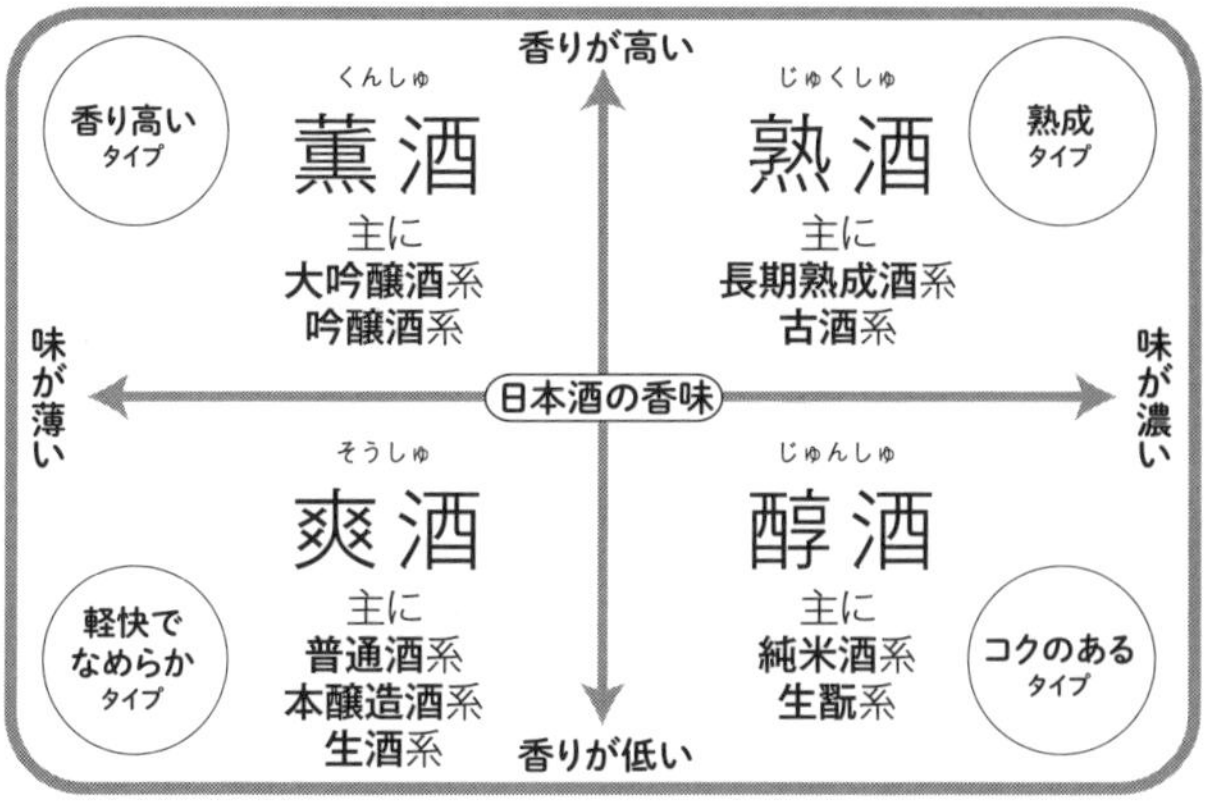

(出典)日本酒サービス研究会・酒匠研究会連合会の図を基に作成

3%、純米吟醸酒については8%、吟醸酒については10%近く、年々の出荷数量が増えているのです。

これは第1章でも説明したとおり、世界進出を宣言し、実際に成功を遂げた山口県岩国市の旭酒蔵の「獺祭」がロールモデルとなり、ますます加速化している流れです。同社は3代目の現会長となってから、高級路線の酒造りにシフト。酒造好適米のスタンダードである「山田錦」を50%以上磨いた、純米大吟醸酒に特化しています。これまでの一般酒のファン層を切り捨てている――と批判の声も上がっていますが、インバウンドが大挙して押し寄せ、日本酒が輸出品目とも見なされる今、旭酒蔵に追随する蔵が絶えません。

全国新酒鑑評会も長い間、精米歩合60%以上の吟醸酒系統のみを鑑評の対象としてきましたが、最近では精米歩合に特に規定のない純米酒も対象となっています。また、食事の邪魔をすると、まるでリンゴやバナナのような極端な吟醸香を嫌う日本酒ファンも少なくない。なんでも行き過ぎれば、反動が出るものです。

　こうした資料を読み込む一方、日本酒に力を入れる居酒屋などに出向き、**客の生の反応を知るのも大切**です。「獺祭は美味しいが、非常に高価」「もっとコストパフォーマンスがよく、どんな料理にも合う酒が欲しい」「かといって、一時の淡麗辛口ではもの足りない」といった声がそこで拾えるでしょう。

　いわゆる唎酒師を認定する、日本酒サービス研究会・酒匠研究会連合会では近年、前ページのように香りと味わいで分けた日本酒の4タイプ分類を提案。これで言う「醇酒」が酒販業者や日本酒に力を入れる居酒屋などでもトレンドという見方が主流です。これまでは、〝濃醇旨口〟と呼ばれていたタイプですね。味わいが

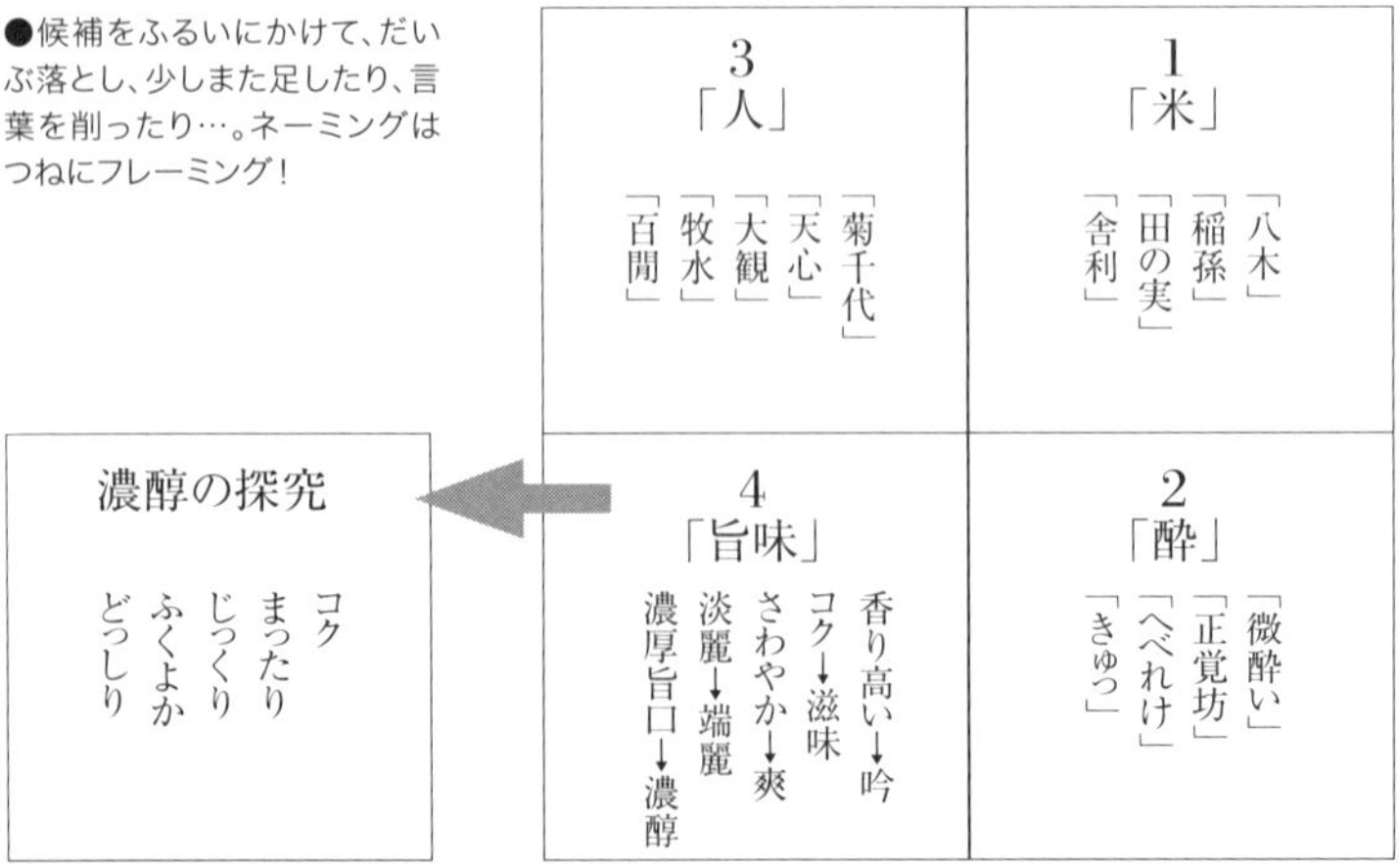

●候補をふるいにかけて、だいぶ落とし、少しまた足したり、言葉を削ったり…。ネーミングはつねにフレーミング！

ネーミング4大サンプリング法	
	①素ネーミング法
	②足し算ネーミング法（X＋Y＝∞）
	③引き算ネーミング法（X－Y＝∞）
	④かけ算ネーミング法（X×Y＝∞）

濃厚でしっかりとした旨味を感じる酒。

スッキリした淡麗辛口は繊細な白身の刺身などには合いますが、フルコースのフレンチで前菜から魚料理、メインの肉料理に移行するにつれ、ワインもシャンパンから白、赤でも軽めなものから重めに変えていく感じで、日本酒も料理に合わせ醇酒、さらには熟成酒とスイッチしていけばいい。唎酒師のいるような和食屋でよく聞かされる話です。

では、ひとつ**濃醇旨口を形容する言葉**をここでは並べてみる。こく、まったり、じっくり、ふくよか、ひたひた、どっしり……。お燗にも向くので、そちらを連想させる言葉でもよいと思います。

集めた言葉をサンプリングする「4つの方法」

原料の詳細設定や地域条件等を省いたので、ないない尽くしの感はありましたが、以上の4つのブロックだけでもずいぶん言葉が出てきました。

さらに開いたり、加減乗除したりすることで、これら言葉の連結や解体した結果の可能性までも見ていきます。そして、**アナグラム（1つの単語の中での文字の入れ替え）、回文、駄洒落などの言葉遊び**も視野に入れておきます。

それら言葉素材を以下の4つの作成基本に照合させていくのが、ネーミングのセオリーです。つまり四本柱に4つの梁をかける。そうすると、家の骨組みができるのです。では、4つの作成法を順番に解説していきましょう。

① 素ネーミング法

ネーミングというとどうしても、難しい合成語や語呂合わせなどで頭を駆使する印象がありますが、言葉の複雑なかけ合わせを必ず要するかといえば、実は**素直な言葉をポーンと出すほうがインパクトは大**。世の中で大手を振るって通用するのも、大半がその手のネーミングなのです。

サントリーの高級路線のウィスキーがそうです。「山崎」「白州」は単にそれぞれが作られる蒸留所のある地名です。ブレンデッドの「響」はそれら良質のモルトが調和してできる酒。見事につながっていて、余韻まで広がります。まさしく山崎の「何も足さない。何も引かない。」という、90年代傑作コピーのようなネーミングです。

同じようなネーミングをニッカもしています。まず蒸留所の「余市」に「宮城峡」というシングルモルトウィスキーがあり、創業者の名を採った、よりカジュアルなピュアモルト「竹鶴」がそれに続く……。

素ラーメンもかけ蕎麦もつゆが美味しければ、案外イケます。サントリーやニッカのウィスキーにおいては、**長い歴史によって築いた信用という濃い出汁**があるのです。でも、なんの装飾もない、かけ蕎麦のほうが高級だなんてパラドキシカル。しかし、それが日本語の妙です。

大衆的な商品だと、明星食品の即席麺「チャルメラ」。でも、夜鳴き屋台ラーメンのあの笛の音など、最近の若い人はまったく知らないでしょうね。それから、単に12個入りだからということで、森永のチョコレート「DARS」。アメリカ本社の所在地に因み、コカコーラの缶コーヒー「GEORGIA」。缶コーヒーはシンプルな単語が多く、キリンは「FIRE」で、サントリーは「BOSS」です。

造語の必要な**ブロック**を除き、174ページのマトリクスを見てみると、このパッと出しで通用しそうなのが、まず**ブロック2**のオノマトペ。「へべれけ」「きゅっ」「ほろり」「ぐびり」「とっちり」なんて能書《のうしょ》でラベルを作れば、ストレートに伝わる気がします。

それから、「八木」もそのままだと「やぎ」ですが、「はちぼく」とルビを大きめに振って読ませるか、平仮名表記にすれば意味深だし、インパクトはある。「田の実」も候補として残したいですね。「正覚坊」はアオウミガメの別名でもあり、どうも海坊主を意味するようですが、それを知らなければ、かなりカッコいい字画です。冴え冴えと飲むごとに覚醒する、あり得ない幻の酒が目に浮かびます。

ブロック3であれば、百閒、足穂、中也、安吾、心平あたりを（下の名だけ）頂戴する線。芭蕉や蕪村や一茶の頃はみな雅号で名乗り、それだけで通用していました。文人でなくとも、誰も勝海舟を「麟太郎」と、ましてや吉田松陰を「寅次郎」とは呼びません。

近代になっても、およそ下の名で呼ばれる作家は筆名が多いですが（漱石・鷗外・子規・藤村・鏡花・乱歩……）、音読みで韻を踏むので、みんなカリスマ性と庶民性をそこから感じ取ります。本名であっても、（宮沢）賢治や（松本）清張がそうですね。清張は本名の読みは「きよはる」ですが、ちょっとエラくなると普通の人でも、嘉弘が「かこう」と読まれたりします。だから、人名も読ませ方とは考えられます。

また、人物に限らず、酒器だとか（多少マニアックですが）酒造りの道具なども、こうした一発勝負向けです。

杯（盃）・徳利・銚子・猪口・ぐい飲み・片口・升（枡 桝 斗）・銚釐《ちろり》・膳・樽・甑《こしき》（米を蒸す釜）・桶・櫂《かい》・杉玉……

日本酒のラベルでも散見する文字がけっこうあります。燗向きの酒にシンプルに酒を温め

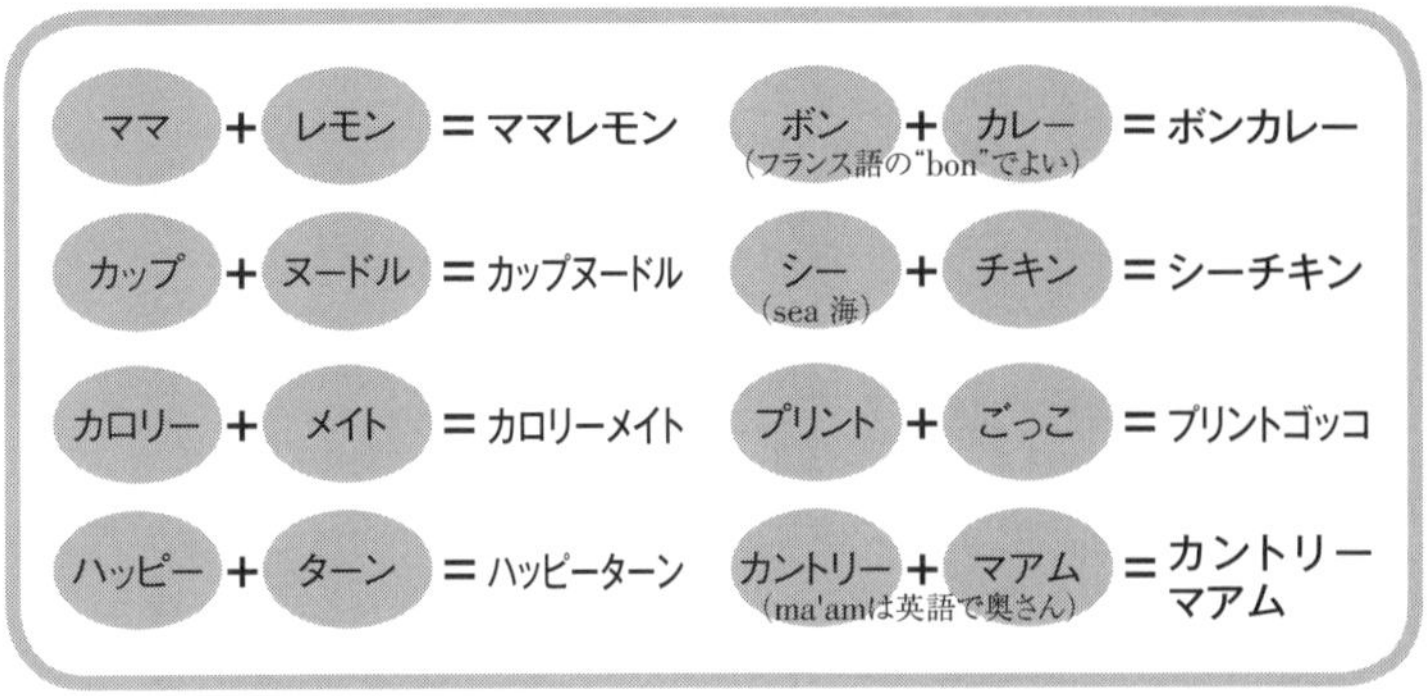

ママ ＋ レモン ＝ ママレモン	ボン ＋ カレー ＝ ボンカレー（フランス語の"bon"でよい）	
カップ ＋ ヌードル ＝ カップヌードル	シー(sea 海) ＋ チキン ＝ シーチキン	
カロリー ＋ メイト ＝ カロリーメイト	プリント ＋ ごっこ ＝ プリントゴッコ	
ハッピー ＋ ターン ＝ ハッピーターン	カントリー ＋ マアム(ma'amは英語で奥さん) ＝ カントリーマアム	

る銅や錫製の器「ちろり」と名づけてもよさそうです。

ブロック4の旨味は、先述の別図（174ページ左図）のような言葉の探究をすればよいでしょう。濃醇に焦点を定めるなら、まったりとかふっくらなど、ちょっと抽象的な形容詞が主になると思います。

②足し算ネーミング法（X＋Y＝∞）

文字通り、それぞれに**独立した意味を成すキーワード同士を、まずは足してみる**。すると、意外な効果が現れることが多いのです。例えば……

……などなどロングセラー商品に、こうしたシンプルな足し算効果が見られる。というのも、それぞれそのジャンルで画期的だったからこそ、囚われのないネーミングができたのです。カップ麺の嚆矢は間違いなくカップヌードルだし、簡易プリンターもプリントゴッコまではなかった。少々説明の要りそうなのがハッピーターンですが、これも開発当時、第一次オイルショックの影響で不景気だったので、ハッピー（幸福）が戻ってくる（ターン）という願いを込めて付けられた

中華＋三昧＝中華三昧

このネーミングで「～三昧」が
多様な場面で使われるように。

――という有名な逸話があります。

ちなみにボンカレーは一人暮らしの男性でも鍋で温めるだけで簡単に食べられることから、「チョンガー（コリアンで独身男の意）・カレー」とする案もあったそうです。それだと女性ユーザーを遠ざけるので、ボンでC'est bon（これでよし）でした。

数学でいう「素数は無限にある」という定義同様、言葉も無限大にあるから、意味の成立を必ずしも問わねば、その組み合わせも無限大に生まれます。それが私たちの日頃書いている文章なんです。緻密にその意味の成立と、さらに理論的な構成を心がければ論文に、詩的な響きを追求すれば随筆に、これが物語とまで長ずれば小説になるわけです。

麺類に喩えれば、素ラーメンに野菜あんかけをかける広東麺、麻婆豆腐をかける麻婆麺、あるいは天津丼同様にカニ玉を載せる天津麺の意外性と共通します。それぞれのおいしさが**足し算に止まらず倍加される、かけ算に近い増幅効果も期待できる**のです。

たとえ商品名でも、ただ単語を足しただけなのに、中華三昧《ざんまい》などまるで満漢全席のような光景が浮かんでくる。このネーミングのおかげで、日常生活でも「～三昧」と肯定否定、両方の意味で使うようになりました。

例えば、NHK―FMが祝日の際、『今日は一日〇〇三昧』という特番を流しますが、これは様々な音楽のジャンルから一種類だけにスポットを当て、一日たっぷり堪能させる趣向。

これがテーマ立案に工夫があるので、なかなか楽しめるのです。失恋ソングや秋元康が詞を書いた歌だけ、昼から晩までかけている。そして、「○○の中にはなんでも入るのだ」と、休みというのに仕事や病気でどこにも出かけられない、気の毒な視聴者に思わせてもくれる。まさに今日＋一日＋○○＋三昧で、楽しみは∞（無限大）。

足し算系で多層的な意味を持つのが、ユニチャームという社名。「Universal」「Unique」「United」の接頭辞Uniに、〝世界的に通用するユニークな商品やサービスを提供する統合した会社でありたい〟という思いを込め、当初は生理用品メーカーであったので、女性を讃える「Charm（チャーム）」＝魅力を足したわけです。

この方法をテーマである日本酒の名に引き寄せてみます。１６７ページの**ブロック３**（人の名前）から例を取るとわかりやすい。

岩永の岩と土屋の土をくっつけてしまうと、いかにも固い。でも、岩と耕の「岩耕」なら異色の組み合わせで、見た目も悪くない。「永耕」はさらに含蓄がありますね。ずっと大切にされてきた田で収穫した米から作った――という印象が漂う。「嘉一」という人名は普通にありますから、日本酒にあってもおかしくない。ただし、平凡。「耕弘」も人名にありそうです。「やすひろ」と読むのかな。その反対も当然あり得る。しかし「耕一」自体がもともと素晴らしいです。困ったね。

クックレスカレー（cookless curry）⊖ス＝ククレカレー

（painting＋pastel）⊖（ting＋pas）＝ぺんてる

（ウォッシュ＋トイレット）⊖トイ＝ウォシュレット

安心ですメロン⊖しん（芯）＝アンデスメロン

（見る＋着る＋遊ぶ）⊖全漢字＝るるぶ

③引き算ネーミング法（X－Y＝∞）

日本人は略語が大好きです。マクドナルドはマックかマクド、KFC（ケンタッキー・フライド・チキン）はケンタか稀にケンキチ、スターバックス・コーヒーはスタバ。アーノルド・シュワルツェネッガーという舌を噛みそうなほど長い名前を「シュワちゃん」と呼びたくなるのはわかるが、ブラッド・ピットまで「ブラピ」です。

イケてる面＆menでイケメンはまだいいとして、空気が読めないはKY、読者モデルは読モ、女子高生はJK、ネットで活動する右翼はネトウヨ、コピー＆ペーストはコピペ、「誰が得するんだよ！」の意味で誰得……とネット・スラングには縮めすぎて、初見では意味不明という言葉は多い。

でも、これらがズバリ、引き算ネーミングのサンプルなんです。ちょっと長い一般ないし固有名詞をちょいちょいと縮める。それが明治維新後、圧倒的な量の外来語を手際よく捌いてきた日本人のお家芸。

しかし、(the) United Kingdom of Great Britain and Northern Irelandを大英帝国と訳す、非常に能率的な言語感覚があるのに、最近では特に金融や保険系などの企業が合併ラッシュで、損保ジャパン日本興亜アセットマネジメント株

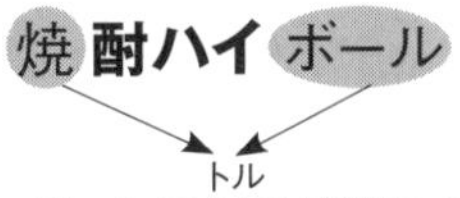

耐ハイの正式名称が焼酎ハイボールだなんて、パッとは思い出せないほど、この言葉は定着している。

- ファンタスティック⊖スティック＝ファンタ
- プレッツェルpretzel⊖el＝グリコ「プリッツ」
- ハイグレード・チューレット⊖（グレード＋レット）＝森永「ハイチュウ」
- （じゃがいも＋りかこ）⊖か＝カルビー「じゃがりこ」
- （トール＋のっぽ）⊖ル・の＝ロッテ「トッポ」
- 酵母入りビスケット⊖（入り＋ケット）＝酵母ビス≒コービス→（倒置させて）→グリコ「ビスコ」

式会社では、舌を噛むどころの騒ぎではありません。落語の『寿限無』を思い出します。政党だって、「生活の党と山本太郎となかまたち」では覚えきれない。むろん、「生活の党・生活」と略称は存在しましたが、そんな同党も16年10月には「自由党」と名称変更しました。

ともあれ、**特殊な業界内だけで使う符牒《ふちょう》にもこの手の略語は多々あります**ね。テレビが特にそうで、アフレコやアテレコ、カンペ（カンニングペーパー）などは今では普通に使うし、素材が完全にパッケージされている状態を指す「完パケ」も他業界でも通用します。

これも細かく分類すれば、**頭カット**（コカコーラ→コーラ、ウェブログ→ブログ）、**尻切れ**（インテリゲンチャ→インテリ、エアコンディショナー→エアコン）、**胴詰め**（リモートコントローラー→リモコン、電子式卓上計算機→電卓）と3パターンに分かれます。特に尻切れと胴詰めは多い。

頭カットと尻切れと胴詰めの見事な折衷がチューハイ（焼酎ハイボール）ということになります。商品名から探してみると、単純な引き算はさすがにそう見かけませんが、括弧内でまず足し算して、そこから引くなどのパターンは主流。それも圧倒的に、短さと語感のよさが身上の菓子に多い……

プリッツのプレッツェルはドイツ由来の、あのねじれたハート形の塩ビスケット。ハイチューのチューレットというのは森永が1956年に発売した先行商品で、誤飲しても平気なチューインガムのことです。それを75年にハイグレード化したというわけ。トッポのトールはtallで同じ意味ののっぽを足して縮めた次第。じゃがりこの「りかこ」とは開発担当の女性で、彼女がさも美味しそうに食べるので、名前に連なったのです。**菓子の名はなにしろ、主要ユーザーの子どもにまず覚えてもらわないと**。だから短刀で斬り込む鋭さがあります。

最後のビスコが数式で書こうとすると面倒。でも、コービス（酵母ビスケット転じてコービス）という引き算だけだと、どこか味気ないところを、エイっとひっくり返したのは妙案でした。他にも……。

サカタのタネが1977年に開発したアンデスメロンが当初、〝作って安心・売って安心・買って安心〟の「安心ですメロン」として売り出そうとされたのはちょっとしたトリビア。アンデス原産かと思いきや、まったく無関係なのです。しかし、名前にセンスがないと不評でまた、メロンは芯を取って食べるため、「しん」抜きで名乗るようになった次第。

次の例になると、もう**割り算的な造語**に近い。いささかこじつけに近いのですが、日清の「焼きそばU.F.O.」もUmai（うまい）・Futoi（太い）・Ookii（大きい）を足して縮めたといいます。「Pan Shikishima Company」の頭文字から採ったPASCOや、「Unique Clothing Warehouse」が縮んでUNIQLO（ユニクロ）となるなど、社名にそんな例が多い。

小学校で初めて割り算の概念を教わった際、「水道方式」で説明を受けた方も多いと思います。つまり、割り算というのは分配を前提とした引き算なので、文字のカードを配るうち、思わぬ組み合わせができるということもあり得えます。しかし、この割り算ネーミングはレアケースですし、本章でそこまで教授しなくても、次のかけ算を心得ていれば、大抵事足りるかと思います。

しかし、ネーミングと数学、もとい算数は酷似しています。言葉の加減乗除ができるようになれば、誰でも一定レベルまで達します。だから、**ネーミングは国語より算数が得意な人のほうが上達するかもしれません**。

この引き算法を日本酒の例に用いるにも、マトリクス上のほとんどの言葉が短い。小原庄助を「庄助」と呼んでみるくらいで、そもそも一度はいろいろキーワードの足し算をする必要がありそうです。

素 使える!

白玉の歯にしみとほる秋の夜の酒はしづかに飲むべかりけり

足し算 使える!

しかし、先に引用した牧水の歌、「白玉の歯にしみとほる秋の夜の酒はしづかに飲むべかりけり」を縮ませたらどうなるかなど、例えば名前の挙がった人物に関連する俳句や短歌、小説のタイトルまでキーワードを広げれば別。

この短歌でいえば、なんといっても「白玉」に清冽な響きがあります。これは米粉の団子ではありませんよ。ここでは歯の白さや硬さを強調する枕詞なのですが、古語では元々、「白色の美しい玉。また、真珠。愛人や愛児」のことだそうで、深い意味があるのです。

鹿児島に「白玉の露」という焼酎の銘柄はすでにありますが、一字で「はくぎょく」と読ませるだけで使えるかもしれない。というのも、その音で「酒の異名、酒の色」も指すことになるからです。あるいは、「秋しづか」というのも限定酒になら使えそうです。

④かけ算ネーミング法(X×Y=∞)

さて、これも食に喩えると、**引き算は素材を活かす和食**的。実際、出汁は取るだけでなく、〝引く〟という表現もあるそうです。あまり**足し算を繰り返すと、最近流行りの創作ラーメンのスープのように濃厚になってしまい、かえって印象がブレてしまう**。まさに引き際が肝心と言えそうです。

そこで続くかけ算。小学校で九九を丸暗記させられたことで、なんの抵抗もなく使ってい

テックスメックスはTexas+Mexico

アメリカのテキサスとメキシコの国境周辺の音楽や料理を＝Tex-Mexと言う。これはTexas+Mexicoの造語。それぞれの頭の3文字をかけ合わせたわけ。ただ、文字数も揃え、韻を踏むところに工夫がある。いや、偶然の産物だろうが、ともかく語呂がいい。

ますが、これも乱暴に言えば、足し算の延長上にあります。2×3なら2+2+2という具合です。

かけ算ネーミングには大きく分けて2パターンあります。ひとつは「語呂合わせ算」。これはしかし、先にも例を挙げた、足し算と引き算を駆使する例にほぼ近い。

大体、ヒップホップ＝Hip-Hopという言葉がこの例に当てはまります。hipはスラングでかっこいい、hopにはぴょんと跳ぶという意味があるのですが、見事に韻を踏んだことで、単なる足し算を超えた躍動感が生じたのです。このジャンルの創始者、DJのアフリカ・バンバータが1974年、17歳の時に、ラップに止まらない、ブレイクダンスやグラフィティなど、その頃生まれた黒人の創造的な文化を総称して名づけたといいます。

この例だと、他に次ページの表のような例があります。記号は+でもよいかもしれませんが、やはり倍々で畳み掛けてくるリズムを感じます。

それぞれにむろん意味は伴っているのですが、語感重視というか、非常にリズミカル。ここに**足しているうちにスピード感が増す、言葉が積み重なって圧縮される、かけ算の妙味**を感じます。この手のネーミングはジングルやCMソングも作りやすく、あっと言

うどん&丼⊗兵衛＝どん兵衛
おとと（魚の幼児語）⊗おっと（驚きのオノマトペ）＝おっとっと
うまか（九州方言で旨い）⊗ちゃん（愛称）＝うまかっちゃん
辛⊗ムーチョ＝カラムーチョ
梅⊗スカッシュ＝ウメッシュ
buffer（緩和）⊗Aspirin（アスピリン）＝バファリン
美⊗スラッと⊗ゴールド＝ビスラットゴールド

う間に広く人口に膾炙することが多いのです。

ハウスの「うまかっちゃん」はサントリーの「なっちゃん」にも似た、呼びかけネーミングの草分けでもありますが、北九州弁の語尾が「〜ちゃ」となるところからも来ているのでしょう。

また、チョーヤの「ウメッシュ」は梅酒がヒップホップ的に音変化したとも言えますね。この種の重ね算的なネーミングが以前はけっこうあったのですが、最近は目立ちません。その新製品にノンアルコールの「酔わないウメッシュ」がありますが、コマソンなども♪よわな酔わない〜と韻を踏むのが印象的。

ところで、薬の名前はとかく、「ン」で終わりがち。それも覚えやすさを意識してのことです。単なる語呂合わせが多い中、このバファリンやビスラットゴールドなどは曲者です。

次いで、**意味がより強く現れたかけ算ネーミング**があります。**「意味かけ算」**とでも呼びましょうか。**時にはダブルミーニングがトリプルにもフォースにもなる増幅効果**は見逃せません。

バイタル⊗ナイアガラ or バイタル⊗アーグラ（インドの都市）＝バイアグラ
wiki（あるいはwikiwiki ハワイ語で速い）⊗encyclopedia（百科事典）＝Wikipedia
新・真・神⊗ゴジラ＝シン・ゴジラ

バイアグラは諸説紛々らしく、今ひとつ信憑性が怪しいですが、アーグラというのはタージマハルがある町で、その施主である、絶倫で名高いムガル帝国第5代皇帝シャー・ジャハーンに因んだとか。

ブラウザ上でウェブページの編集が可能なシステム「ウィキ（Wiki）」を使用した百科事典がWikipediaですが、このwikiにはそもそもこんな意味があったのですね。

破天荒だと評判を取ったゴジラ映画の新作も、なぜ「シン」なのかと思えば、新しいだけでなく、多層的な意味をそこに託していた。さすが『新世紀エヴァンゲリオン』の製作者が総監督を務めただけあります。

かけ算ネーミングの優れものは商品名にはなかなかなく、あっても、残らない場合が多い。**凝り過ぎたり、駄洒落が度を越したりと、いわゆる名前負け**になってしまうのです。ことに日本酒にあまりポップなかけ算は無用。しかし、あえて試みるなら、やはり一語だけでは意味が通りにくい言葉に、当たりの柔らかいオノマトペ系などをかけ合わせるのが常法。

素ネーミング法の項では出さなかった酒槽《さかふね》は、発酵の終わったもろみを圧搾・ろ過して、酒と酒粕に分ける酒搾りの道具ですが、ここから「槽」の字を取って、**ブロック2**（酔）でお気に入りのオノマトペ「とっちり」（167ページ）をかける。「とっちり槽《ぶね》」なんてどうでしょうか？

❶	米の派生	白玉の実、乙米（おとめ）、稲孫（ひつじ）、八木八木（やぎやぎ）
❷	酔の派生	とっちり槽、恍惚（うっとり）、骨迄愛酒（ほねまであいす）
❸	名の派生	庄助、百閒、耕永、酒仙途（しゅせんど）
❹	旨味の派生	ふっくら、醇、感露

あるいは、白玉にあえてこだわって、「白玉（ないし〝しらたま〟と開く）」と**ブロック1**（米）の「田の実」（165ページ）をかけて、「白玉の実」もしくは「しらたまの実」なら、わりと美的ですし、辛うじて意味かけ算にもなっています。

最後にこの4×4の方法で作ってみたネーミングなどを上図に整理してみました。今回は方法論をご教授する枠組みとして日本酒を例に取ったわけですが、いやー、いささか難しかった。この中からさらに絞るつもりはありません。皆さんがご覧になってピンと来るものが、おそらく各々に根ざすネーミングの志向というか得意かと思います。

現段階では、その得意をうんと伸ばしていただければよいのです。新しいオノマトペを可能な限り考えようとするのも、古語辞典と首っ引きで温故知新の言葉を探すのも、あなたの自由なのですから！

第５章

ネーミング 実践と 現場実況

為せば成るのがネーミングだ

ネーミングは身近などんな場面で必要とされるか？

前章でネーミングには、マトリクスの「4つのブロック」を通じて、「**マーケティング・商品特性把握・ターゲティング・キーワード探索**」の心得、並びにそこで抽出された言葉をいかに「**足して・引いて・かけて・割る**」かの四則計算が大事だと説きました。

本当に踏まえておかなければならないのは、それだけ。日本酒での例を眺めて、なんとなく理解できたのなら、さぁ、いよいよ実践に移りましょう。

本章では、私の見聞した話から作り上げた、半分リアル・半分フィクションの若手コピーライター1組に登場してもらいます。

同じ事務所に勤め、仲のよい、まだ20代後半の男女です。それぞれ他の職種の経験もあって、入社からまだ日も浅く、アシスタント的なサポート業務が主。まだ本格的な仕事は任されていないけれど、職業柄、けっこういろんな相談を受けています。

高校や大学での同窓、会社近くにあって、よく出入りするカフェやバーの常連はみんな、彼らの職業を知っています。だから、ネーミングに関しても何気なく尋ねられるシチュエーションが多々ある。それだけ今、独立開業、起業ブームなんですね。どんな店名をつけたらいいかなどで悩んでいる。

2人が働くオフィスの場所は……渋谷にほど近い代々木公園周辺の、現在「オクシブ」「ウラシブ」と呼ばれる辺り。その地元商店街ではけっこうな老舗ですら、彼らと同世代の若手が経営を担うようになり、時代に追いつくべく、商品の見直しにも積極的です。

まさに**ネーミングの需要が充満している街**に、駆け出しとはいえ、コピーライターが身近にいる。そして、彼らのトレーニングにもなるだろうと、1杯ごちそうする程度の条件で、友人・知人はどんどん難問を持ち込むんですね。

男女の男性の苗字は名張、女性は名取。お互い「名」がつくので下の漢字だけで呼び合っていることにします。つまりバリくんとトリちゃんです。このバリトリ・コンビにそんなアルバイトが殺到し出したのも、ささやかな成功体験があってのことです。その最初の例をご紹介しましょう。

業種別で考えるネーミング・ケーススタディ

「あんぱん専門店」の場合

①カウンセリング

バリくんはたまたま会社のある町の近隣の出身で、商店街では高校の同級生マコトくんのご両親が商売をしています。彼の祖父母が始めて、もう40年近く続いているパン屋です。この度、店も老朽化してきたので、新装開店の準備に入りました。そこで店名も含めたリニューアルを考えている——と電話で相談を持ちかけてきたのです。

オクシブにもどんどん新しい感覚のベーカリーが進出してきて、対抗措置を取らねばなりません。店を手伝うようになる前、和菓子メーカーに勤めていた、その友人、マコトくんは看板商品の開発も同時進行させ、その名前にもインパクトを求めています。

マコト　「できたら……新しいパンの名と店名をリンクさせたいと思っているんだよね」

バリ「その目玉商品ってどんな感じなの？」

マコト「それが……まだ決定打が出ないんだ。創作パンを売りにしたいけど、効率と浸透性を鑑み、多品目よりも絞り込み展開を考えてはいる」

バリ「お、さすが経済学専攻！」

マコト「からかうなよ。そのぶん文才はないんだ。和菓子の知識はあるけどね……」

という電話を受けた――との話をバリくんはトリちゃんに伝えました。実際、**コピーライターの仕事もこうしたコンサルティング的な面が多い**のです。クライアントのこれまでの業績、それから今後の展望を聞き出し、精神科医のようにつき合っていく。そして、業務提案ごと名前を作り上げ、それを売るわけです。個人事業主の場合、そうした作業を自分自身や家族、共同経営者や若干名のスタッフとでせねばならない。しかし、これも経営会議ですよね。

トリ「つまりお友達はちょっとした業態転換を考えたわけね。ご両親は承知してるの？」

バリ「それを条件にして、店を継ぐ気になったみたいだ。いずれ起業したい――って前から言ってたしね」

銀座の木村屋總本店

酒種酵母を生地に使った風味豊かなあんぱんで知られる。まさに売り場はあんぱんのオンパレード。季節代わりの商品も多数並ぶが、八重桜の塩漬けをへそに埋め込んだ「桜」がなんといっても定番！

そんなわけで、2人はマコトくんと一度会って話してみることにしました。そこで出た方針が、せっかく身につけた和菓子の知識を最大限活用するようなシフトチェンジです。

トリ　「そもそも日本の菓子パンのルーツは銀座の木村屋總本店よね？」

バリ　「ああ、あんぱんだね。現存するパン屋で最も古いらしいよ。（ささっとスマホで検索しながら）1869年創業で、その5年後にあんぱんを開発してる」

マコト　「和菓子屋時代、けっこう餡にはこだわったな。餡命だから、和菓子は……」

トリ　「木村屋の季節商品の工夫はなかなか大したものよ。〝継続は力なり〟を感じるわ」

マコト　「ぼくもよく参考にはさせてもらったよ」

バリ　「お宅でのあんぱんの売上げってどうなんだい？」

マコト　「堅調ってところかな。お年寄りは確実に買っていくし、やっぱり女子も好きだよ」

トリ　「日本最古のパン屋があんぱんに特化している。それを見習わない手はないわね」

バリ　「（またもスマホで調べ……）あんぱん専業という店は数えるほどだね。都内だと、東京駅と浅草、あとは巣鴨地蔵通りにある……」

マコト　「どれも場所がいいよ。観光客を相手にでき、お土産需要がある」

トリ「そこは看板商品で勝負。わざわざみんな渋谷から足を伸ばしてくれるような、なにか妙案はないかしら？」
バリ「何を入れるか中味が大事だね。餡だけに案が……」
トリ「……あん？　なにか言った？」

②フィールドワーク

とまぁ、ある休日、３人は銀座・東京・浅草とそれら専門店を巡り、他にもあんぱん推しのいくつかの店も回ってみました。甘党のトリちゃんはウキウキ。遊び半分に見えますが、そうした実地のリサーチも基本です。**競合商品を知らずに、コピーライティングやネーミングはできません。**

バリ「どれもおいしかったけど、どのパンが印象に残った？」
トリ「四角くて全面にゴマをまぶしてあったのはインパクトあったな。あと、きんつばみたいに薄皮のも」
バリ「餡とコンビでバターや生クリームを挿むのはわりと定番みたいだね。餡自体に木村屋並みの工夫が欲しい気がした」

マコト　「映画の『あん』って観たかな？　ドリアン助川原作の」

ト　リ　「樹木希林主演の？　ええ、餡職人だったお婆さんが永瀬正敏演じるどら焼き屋を手伝うことになるのよね」

マコト　「映画で描かれたように、製餡って手間がかかってね。今はほとんどのパン屋が業者から取り寄せてるんじゃないかな」

ト　リ　「だから、製餡業者が始めたというパン屋もあったのね」

バ　リ　「浅草の『あんですMATOBA』。この店名はユニークだ。経営者の名前は的場さんかな？」

マコト　「その通り。松戸の的場製餡所がオーナーだよ」

ト　リ　「まさに餡工房と呼ぶべき、多品目のあんぱんがあったわね。案の定、アンパンマンパンもいたけど」

マコト　「それだけ餡を他所にも提供しているってことさ。個人経営では真似できない」

バ　リ　「でも、餡は自家製にする？」

マコト　「もしあんぱんに特化するなら、それが最大のウリだろう。伝手で和菓子職人をスカウトしてでも、全うしなくちゃ」

あんぱん試案と仮ネーミング

アンナップル	餡の中にアップルもしくはパインが入ったパン
アングル	餡+ヨーグルトクリームのパン
アンクレット	数珠状に作る、細長いあんぱん
マフィアン	餡の入ったマフィン
パン・ド・オハギ	米粉で作ったあんぱん。おはぎ状に外側に餡を露出させる
牡丹パン	ぼたもち風に餡と練った米を入れたパン
たい焼キング	名の通り、たい焼きの形をしたパン
義元	今川焼をまんま入れたパン。チーズやクリームを合間に挿む
桶狭間パン	同右。義元が戦死した場所に因む
キンツパン	きんつばを入れたパン。もしくはきんつば並みに薄皮のパン
トリコロアン	小倉・白あん・うぐいす餡などの三色あんぱん
三位一体パン	同右。キリスト教の「父と子と聖霊」にかけて。
どらパン	どら焼き風にパン生地に卵と重曹を多めに入れ、甘くさっくり焼き上げる
カズンズ	小豆を使った惣菜「いとこ煮」を入れたパン
ワカマツ	あんみつのようにエンドウ豆や寒天も入ったパン。元祖である銀座の「若松」に因む

俄然みんなやる気になってきたみたいです。こうなると、マコトくんがどんな「選択と集中」の結果、スペシャルあんぱんを考案するかにかかってきます。でも、別表に見るように、**商品企画の思考過程がもろにネーミング**なんです。

この上段の表をちらっと眺めた上で、読者の皆さんも自分で少し考えてみてください。ぜひその思いつきをメモしてみましょう。

③プレ・ブレインストーミング=書き出し法

本書の前段でも何度か書きましたが、アイデアというのはまずネーミングに始まるか、商品のイメージとほぼ同時に名前が降りてきます。ドラえもんの主題歌ではないですが、「あんなこといいな」という素朴な発想が大事。

現に、この表の名前はマコトくんがすべて考えたわけではありませんが、ほとんど商品の考案時点で彼の頭から出てきています。バリトリ・コンビはほんの少し手助けしただけです。例えばこんな感じ。

「おはぎが丸ごと入ったパン＝おはぎパン」では当たり前すぎる。そう考えたところで一工夫し、片仮名表記をしてみる。「オハギパン」だと薬名みたい。でも、オハギは外国の人名みたいな響きがある。アイリッシュとかアラブっぽい。そこで「パン・ド・オハギ」とフランス語っぽく書いてみる。

しかし、全部が全部この手法ではつまりませんし、ハマらないことも多い。おはぎと同じぼたもち（牡丹餅。春に食べる。秋に食べるのがお萩）をでは、「パン・ド・ボタン」と表記しても、別のボタン（漢字で書けば釦）がありますから、混同もさせてしまう。そのパンの形状がボタンなら、より仕掛ける感じが強まって、悪くもないのですが……。

まぁ、これだけ出してみて、マコトくんが試作したのは半分強とのこと。三色パンなどは日頃作っていますしね。そして、３人が再び集っての試食会が開かれ、そこが商品の採択と命名、同時に店名を捻る場ともなりました。

結論から言うと、商品開発の面では、餡を多様に作るのにも自家製では限界がある。だか

あんぱん専門店のネーミング案

語呂合わせパターン（音感パターン）

- あんたがたどこさ
- あんだんて（音楽用語から）
- あんよ（幼児語の足と「餡よ!」をかける）
- あんもないと（古生物アンモナイトが「餡もないと」にかかる）

ひらがな＋片仮名or英語パターン

- あんギラス（怪獣の名）
- あんDroid
- あんスタ（餡スタジアムの略。人気ゲーム『あんさんぶるスターズ!』の略称にもかかる）
- あんメルツ（餡が溶ける（ほどおいしい）。塗り薬のアンメルツにかける）

ひらがな＋漢字パターン

- あん太
- あん楽
- あん来（くる）
- 餡なこといーな
- あん娘（大島の未婚女性から）

片仮名パターン

- アンヌプリ
- アンデス
- アンナプルナ
- アン・ドウ・トロワ
- アンサンブル
- アントレ（ENTREZお入りなさいentrepreneur＝起業家にもかける）
- アンジェリーナ
- アンジェラ
- ブレッド&ビーンズ（フォークデュオ「ブレッド&バター」にかけた）
- アンビリーバボー
- アンデパンダン

漢字パターン

- 杏（あん）／杏子（あんこ）
- 餡人（ant＝アリにかかる）
- 安和（あんな）
- 餡庵（あんあん）
- 餡寿（アンジュ）
- 餡爺（アンジー）
- 餡太（あんた）
- 餡命
- 餡幸（アンコウ）
- 餡心（あんしん）
- 餡府（アンプ＝amplifierにかけて）

漢字＋片仮名パターン

- 餡トニオ
- 餡ビシャス（ambitiousから）

英語パターン

- Anne（アン・アンネ・アンヌ）
- Henri（フランス語圏の男性名アンリ）
- ambassador（英語で大使）
- Enchante（フランス語で「はじめまして」）
- Encore（アンコール）
- antenna
- anthem（アンセム・讃歌）
- Unlimited
- Anne Shirley（赤毛のアンのこと）

記号パターン

- &
- &パン
- &ローラ（小泉今日子の歌『迷宮のアンドローラ』から）

材料パターン（豆）

- あん豆（あんず）
- あずき
- 亜好
- 小豆島（あずきじま）

産地パターン

- 等価値（十勝から）
- Tamba（丹波から）

品種等パターン

- Ogura（小倉あんから）
- 小倉庵
- コシアン（漉し餡から）
- Dainagon（代表的品種の大納言から）
- Dinah

味わい（食・触感）&栄養素パターン

- 福良庵（ふっくら＋餡）
- さぽにん（小豆に多く含まれる成分サポニンから）
- ぽりふぇ（同じくポリフェノールから）

ら、基本の小倉とこしあんをしっかり作ろう、またそれに合ったパン作りを目指そうという路線は固まった。

しかし、まずその方針に囚われず、自由に店名候補は挙げてみようと、思い思いの名前をパターンごとに出した結果が前ページの表の通りです。これも同様に「自分ならこうする」を書き出してみてください。

④ブレインストーミング本番＝ディスカッション

いろいろ出るには出ました。おわかりでしょうが、ここでは「パン店」あるいは「ベーカリー」、フランス語のパン屋「Boulangerie（ブーランジェリ）」や菓子パン屋「Patisserie（パティスリー）」も基本的に禁句にしています。

その制約のせいもあり、みんなどうしても「餡」に引っ張られています。パンのイメージが疎かになっている。ほとんどが和菓子屋か、あるいはあんまん専門店と取られてもおかしくない。餡という文字を使えばなおさらです。漢字のみだと固いし、ぱっと見であんぱん屋だとは伝わらない。

材料名もマニアックすぎますね。小豆も大納言の他に中納言、馬路、きたのおとめ、きたろまん、ときあかり、きたほたる……といろいろあるわけですが、多くが北海道産だからか、ジャガイモの品種名と大差ない。

こうなると、思いきり走ったネーミングのほうがよく見えてくる。ひらがな系だと、「あんむすび」など悪くないと思ったら、先に某和菓子屋で使われていました。ならば、駄洒落とかけ算が比較的上手く行っている「あんもないと」でしょうか……。片仮名だと、「アントレ」や「ブレッド&ビーンズ」はわかりやすくはある。もしくは、元の意味は難しいけれど、「アンデパンダン」(フランス語でIndependants＝独立美術家協会の略)には餡もパンも入っているので、インテリには通用しそうです。

しかし、どれも捻りすぎていてイマイチ。商品名のようにはすんなり出てこない。大体、その看板商品はどうなったのでしょう?

マコトくんはこうしたいささか不毛なネーミング会議の傍ら、それでも「主力商品のイメージは固まった」とニンマリ。ダテにサラリーマン生活を送っていません。彼のまとめはこうです。

「限りなくパン生地の存在を感じさせないほど、餡がずっしりのあんぱんを売って、日本中を驚かせたい。商品名候補の中では『キンツパン』がそれ。でも、なんだかパンツがキツキツみたいでみっともない。愛ならぬ「餡に溢れたあんぱん」。いや、愛も溢れたあんぱんって感じなんだ」

おっと、キャッチフレーズのほうが先に出てきました。そして、彼はバリ&トリに向かってこう宣言します。

「『愛と餡があふれるパン』だから、無限大の愛。餡が無限大……Unlimitedがいい！」

少なくとも看板商品名はそれにすると即決。2人はその判断の素早さと侠気に唸ってしまいました。しかも、マコトくんは店名も同じほうがいいと言います。「表記に工夫をすればいいんだよ」と。

つまり、こういうことです。Unは否定の接頭辞だから、ちょっとネガティブな印象も与える。それにそのままだと、商標登録もなにかと被るかもしれない。だから……あえて漢字も使い「餡Ｌｔｄ．」。

マコトくんの店はまだ有限ですが、将来は株式会社化の展望も持っている。この餡には愛と希望が込められているのです。そして、商品名のほうは“Unlimited”のままで行こうとなりました。これからは町とセットでインバウンドにも訴求したいからです。オクシブの商店街では、どう町を売り出すかも検討中。最近では、外国人もチラホラ見かけるようになっています。「サイトやリリースの英語版も作って、日本の餡のおいしさをアピールしたい。ＹｏｕＴｕｂｅにも動画をアップするといいかも。また手伝ってくれよな。今回は出世払いにしてもらうが、その時はギャラもきちんと弾むから！」

マコトくんも燃えてきたようです。バリトリ・コンビにとってもこれがどうやら初仕事。まだまだ自信がつく段階ではないけど、ネーミングのプロセスはなんとかつかめました。読者の皆さんはいかがでしたでしょう？

ビジネスの現場はネーミングで動いている！

以上はインスパイアされた事実はあっても、半分はフィクションです。では、実際にユニークなネーミングが生まれる現場とはどんな状況なのでしょうか？

中小企業の場合、経営者や商品開発担当の重役か管理職、あるいは直接、開発者が考えることがほとんどのようです。私はいくつかの実例に関心を持ちました。

ひとつはとてもハイテクな機器です。その名もiliと書いてイリー。イタリアのエスプレッソ・コーヒーのメーカーに〝ｉｌｌｙ〟がありますが、それとは違う。ある時期、一斉に報

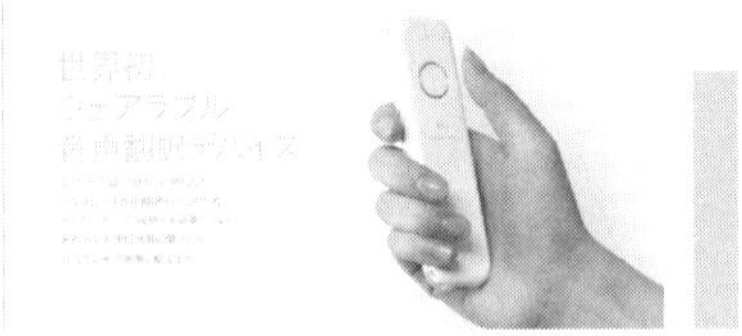

ili

人がツールを通じて人と結びつく。そんな意味合いをシンメトリックな象形文字に見立て、アルファベットで表現したのがiliだった！ IT時代にふさわしい画期的なネーミングといえよう。

道されたので、ご記憶の方もいるかもしれない。今年1月に公開され、6月からは法人向け機器提供サービスも開始した、㈱ログバーの世界初のウェアラブル音声翻訳デバイスのことです。

2017年3月になって私は、日経産業新聞に連載中の『拡大鏡』というコラム欄にこの製品について書きました。『ドラえもん』の各種のひみつ道具の中でも、どこでもドアやタイムマシン、暗記パンなどについで人気なのが、言葉の通じない相手と自由に会話できる「ほんやくコンニャク」。そのリアル版として**ili**は話題沸騰なのです。

なにしろ円安続きの日本には、世界中から観光客が押し寄せています。安宿の多い下町の、古い銭湯にまで、英語でのマナーポスターが貼ってある。

2020年の東京オリンピックも近づいています。すでに彼らインバウンドの迎撃体制はできている。しかし、日本人は必ずしも英語ができない。中学から大学の一般教養課程まで学んでいながら、ピコ太郎並みにしか話せない人も多い。

外国人だって中国人やアジア諸国の人には英語が苦手な人が多い。かくいう私も知っている中国語は〝你好（こんにちは）〟と〝謝々（ありがとう）〟と〝我愛你（愛してます）〟くらい。だから、**ili**の出番というわけです。

iliの翻訳エンジンや音声認識は、資本業務提携を結ぶフュートレックと協力して開発。

日本語・英語・中国語に対応し、今後は韓国語などに対応する予定だそう。全ての会話に対応するのではなく、旅行会話だけに特化することで、精度の向上を図っています。

たとえば「高いです」と発話した場合、「高さ（high）」ではなく「高額（expensive）」という意味で翻訳するので、医療現場での利用などには不向き。その代わり、コンビニなどに売っている商品の大半はインプットしてあり、わずか0・2秒で「SIMカードが欲しい」などと翻訳してくれる。旅行での会話のストレスを相当軽減してくれるでしょう。

画期的な翻訳ツールの名づけは象形文字だった？

今や居酒屋やラーメン店などの従業員にも、中国系の人たちが増えました。彼らに難しい注文をするのは困難なので、中国や台湾に行くときばかりか、国内でも**ili**があると便利かもしれない。

となると、この**ili**の名の由来が気になります。私は会社に問い合わせ、社長の山崎貴之さんに取材しました。すると、答えは案の定だった。一目見て象形文字だと思ったので、そう問うてみたのです。

・i（私）と・i（誰か）の間にlがある。言葉の壁にも思えたが、それを超えるという意味……？
山崎社長の返事はもっと明快でした。1は機器そのものを指すのです。特に他に意味は持たせていないのだそう。人の間に翻訳バー。どこの国の人でも即座に製品の役割がつかめ、発音も容易い。なにより3文字のシンメトリーが美しい。こうした記号ネーミングについては第3章でも説明しましたがiliと同様、シンメトリックなロゴが際立つのがANAです。

ここで想い出すのが、iPhone/iOSに搭載されている音声アシスタント機能「S・i・r・i」。日本では「シリ」と呼ばれ、ちょっとお尻を連想させますが、英語では「スィリ」と発音します。

Siri

声で問い合わせるiPhoneアプリの名にも由来があった。

その名称は2010年にAppleが買収した企業「Siri」に由来し、語源はSpeech Interpretation and Recognition Interface（発話解析及び認識インターフェイス）の略。しかし、Siri社のCEOだったダグ・キトラウスの談では、これは母国のノルウェー語の人名から取ったようで、「勝利に導く美しい女性」の意味だとか。調べると、“Sigrid”（シグリット）の短縮形のようです。確かに北ゲルマン語（ノルド語）で「勝利」「意志」「美」を表すらしい。男性だと“Sigurd（シグルド）”。ドイツの英雄叙事詩『ニーベルンゲンの歌』の主人公、ジークフリート（Siegfried）と同様の語源を持つわけですね。

英語で発音の似たsillyは「バカげた」という意味だから、混同されやしないかと思ったか、スティーブ・ジョブズも最初は訝ったというsiriの名ですが、この語源を知ると、いっぺんに納得した——というエピソードも残されています。

面白ネーミングで躍り出た地方企業の代表格

昨今、**ili**のように意表を突くネーミングで知られる製品で飛躍する中小企業が日本でもチラホラ目立ちます。他にも私が注目した、いくつかの例を挙げておきましょう。

「草刈機まさお」「北国の春……お」「男前刈清」「伝導よしみ」「代表取締役社長 芝耕作」「軽井枝夫人」……。これらがなんの名前かわかりますか? いずれも農業機械で、福岡県うきは市の筑水キャニコムの製品。命名者は包行《かねゆき》均会長です。

キャニコム
演歌好きの会長のひらめきでわんさか飛び出す面白ネーミングが今、注目に。

軽井枝夫人くらいなら由来もわかるでしょうか。低騒音・低振動・排ガスゼロのバッテリー式草刈機で、「軽井沢のセレブなご婦人にも、気楽に簡単に草刈りを楽しんでもらいたい」と命名したとか。

この**ダジャレネーミングの効果はバツグン**だそう

で、売れ行きも倍々に伸びているとか。日刊工業新聞の「読者が選ぶネーミング大賞」にも昨年度までで11年連続入賞。自社サイトでも会長自らによる爆笑必至の『ネーミングへの想い』が綴られています。

そもそも筑水キャニコムは1948年、家業の刃物鍛冶を受け継ぎ、包行農具製作所として創業。55年に筑水農機販売を設立し、89年には現社名に変更しています。そして、2001年には北米進出を果たし、現在は約46カ国で製品を販売。16年12月期の売上高は56・6億円。包行均会長で2代目になります。

「日経MJ」2013年6月28日付の記事によれば、同社が製造販売する農作業用運搬車や草刈り機は、一台数十万円から数百万円と高額。そのわりには人目につかない場所で使われ、おまけに商品名もアルファベットや数字ばかりです。そこで包行会長は「愛情を持って開発した商品の名称が堅苦しいと、商品に込めた思いがお客様に伝わらない」と、80年から商品名に凝り始めたのだそうです。

同社の経営哲学がまた実践的です。**営業マンに託されているのは、まずユーザーの声を拾ってくること**。2000年頃から全員がビデオカメラを持ち、ユーザーに会っては感想を撮ってくることが課されます。そのうち褒める声は割り引いて聞きつつ、商品開発のヒントとして、ビデオを元に顧客ニーズを推察するわけです。

となると、ただ販売するだけでなく、既製品のブラッシュアップのため改善点をいかに拾い上げるか、また、それを次の開発にどう結びつけるかも、営業に与えられた課題といえます。

そして、ユーザーに褒めてもらうことは作り手の最大のモチベーション・アップとなる。だから、ユーザーによる製品礼賛のビデオを30分くらいに編集し、開発や工場スタッフに見せたりもするそうです。

「PRESIDENT」（2013年11月4日号）掲載の記事で会長曰く、「客の〝ボヤキ〟は、確実に購買につながるニーズ」。このボヤキには〝ABC〟の3ランクあって、Cランクは値段が高いという、いわば文句です。Bランクは既製品の改良につながるような助言。たとえば「ここに取っ手がついていたら便利なのに」といった意見を実際に反映し、最新の草刈機まさおに装着されているアシストグリップ、「トッテツケマシタ」が生まれたのだとか。

そして、Aランクが新商品の開発に直結する、まさに「天の声」。その多くが「〜なんて商品ないよなぁ」という嘆息の形を取るそうで、ビデオを止めた後、カメラをしまって「さあ帰ろうか」という時に、ぽろっと出る本音を逃さないのが最高の営業マンといいます。

この本来聞きたくないボヤキを受け止める姿勢こそが、同社の群を抜いた商品開発力を生み出しているのですね。そして、愛すべき名を持ったまさおの本体を見ると、ゴーカートのような派手な見栄え。それも子どもの頃、「家の手伝いで草刈りをやらされるのが嫌で嫌で、ゴーカートに乗って走り回っているうちに草が刈れたらいいなと思っていた」ためという、どこまでもお茶目な会長です。彼自身のボヤキが思い切った業態転換を可能にしたわけです。

なにしろ、初めて訪問する販売店でも、「商品名の話題だけで30分以上盛り上がる」とか。そこで次期商品の名前のアイデアを持ち込む販売店や購入者も少なくないと言います。

このように**優れもののネーミングはそれ自体に集客効果があるだけでなく、ユーザーの参加意識をかき立てる**のです。先ほどのあんぱんもひとたび客に受け容れられたら、どんどん「こんな商品を新たに作っては？」と要望が届くはず。そうしたらネーミングさえ、お客が考えてくれる場合もあり得ます。

海外向け製品も「ブッシュカッタージョージ」。サンダーバード、リンカーン、マスタング……などと車にはきちんと名をつけるアメリカでも、こうした愛称で農機具が呼ばれることはほぼ皆無でしょう。

そして、会長が気をつけているのは女性に嫌われないネーミング。主に農家で財布のひもを握るのは50～60歳代の主婦なので、下品な名前はＮＧだそうです。

また、特許事務所との相談も欠かさず、ダジャレの多くは有名人の名前や曲名から採っているが、必ず微妙に変えることにしています。「母親のように安全・安心を感じてもらえる」をモットーに名付けた小型特殊自動車「あぁ〜おふくろさんョ」は、森進一の代表曲を元に、「あぁ〜」と「ョ」を入れて商標をクリアしたとか。

社名のキャニコム（CANYCOM）も「CAN CARRY ANY COMMUNICATION」に基づくといい、同時に「CANEYUKI COMPANY」（包行家の会社）の意味でもあるそうです。

演歌ネーミングで広告表現の閉塞状況を突破！

筑水キャニコム製品の数々の名前を見てもわかる通り、包行会長は演歌ファン。ユーザーの農家の人たちの多くもそうでしょう。だから、「ものづくりは演歌だ」「義理人情をお届けします」が同社のスローガンでもあるわけです。そして、「心にグッとくるほど熱意が感じられるものでなければ商品化」しないと、サイトでも宣言しています。

やはり熱意を込めて作った製品には、愛されるネーミングが自然について回るんですね。名前にも自信とメッセージが込められている。そして、**同社のネーミングこそ実は、商品開発と完全一体化した最先端の事例と言える**のです。

男前豆腐

今日流行の〝狙っている〟ネーミングの代表格。イラスト起用など、かなりサブカル路線だが、商品愛は伝わってくる。

包行会長はおそらくカラオケでも演歌を歌いまくり、その韻律が〝浪花節だよ人生は〟的に身体に染みついているのでしょうね。こういう引き出しの持ち方があるんです。これならさっと引き出せる。グローバル化が前提なんてことが頭にあったら、生まれないネーミングです。こなれない英語を弄ぶよりよほどいい。物によっては演歌のフィーリングがハマるんです。

演歌調だから野暮ったいなんてことはない。2014年3月10日付の日本経済新聞電子版には『奇抜なネーミング連発、男前豆腐店のギャップ作戦』という記事が載っていました。

京都府南丹市の男前豆腐店の商品の「ちょっとダサいくらいにインパクト十分」なネーミング、奇天烈なパッケージの豆腐を知らない人はいないでしょう。

同社の伊藤信吾社長が自ら開発したオリジナル豆腐を初めて発売したのは、元々は父親が創業した三和豆友食品（現三和豆水庵）に勤務していた2000年のこと。にがりを入れて固めたばかりの豆腐をおたまですくってビニール袋に入れ、イチゴ用の四角いパックで保型しただけの「おたま豆腐」という奇抜な商品でした。

そして、これが大当たり。1日3500パックも売れれば大ヒットという時代に、1日8000パックも売れたそうです。さらに03年の「男前豆腐」、04年の「風に吹かれて豆腐屋ジョニー」で一気にブレイクし、業界の革命児と賞賛されました。それと言うのも、見た目や名前のインパクトに負けていない品質が、商品に担保されていたからです。

伊藤社長らは豆腐に濃厚な味わいを出すため、濃い豆乳を作る技術の試行錯誤を続け、通常の1.5倍近い糖度を実現しました。また、充填製法を用い、この豆乳を最大限活かした。それまで、パックに水分が張られていない、豆乳ににがりを加えて容器に充填し、再び過熱して固めるこの製法でできた豆腐は安い豆腐の代名詞扱い。だから、消費者にはなかなか価値が伝わらない。

そこで実際に**「手に取ってもらい、試しに食べてもらう。そのためにあるのがネーミングやパッケージデザイン」**、そう伊藤社長は考えたのです。一見、奇を衒ったようにしか見えないパッケージも、実は理詰めで考えられていて、男前豆腐の二重底の容器など典型。これは出来上がったばかりの寄せ豆腐を不織布に包んで容器に入れるのですが、次第に水分が抜けて味が濃厚になっていく。この抜けた水分は二重底の下に溜まり、「ざる豆腐」を流通しやすくした功績は大です。

現行商品にはない、容器ごとお湯で温める「社会科見学出来たてケンちゃん」も画期的でした。というのも、湯煎して早く温まるよう、容器はわずか1センチほどの厚みしかない。レトルトのハンバーグから閃いたアイデアだと言います。そして、このシール部分はイラスト入りで、伊藤社長曰く「パッケージをPOPとして使うのが狙い」でした。

こうした新商品を現在でも年間4つほどのペースで投入している同社。商品企画からネーミング、パッケージデザインの発想に至まで伊藤社長の仕事。しかも、新商品開発に当たり、マーケティング調査は一切せず、代わりにツイッターなどで同社ファンの「つぶやき」をつねにチェックしているそうです。この点、筑水キャニコムのボヤキとよく似ています。

しかも、「素敵なデザインは世の中にあふれている。ちょっとダサいくらいが格好いい」と伊藤社長がデザインまで主導。

〝ネタ出し〟が社長の仕事――と自覚する伊藤社長は、「ネーミングに関しては、気になるフレーズや、ひっかかる言葉があると、どんなに酔っ払っていても携帯電話で自分にメールしておく」そうです。

そんな努力の結果、文字通り柔めの「やさしくとろけるケンちゃん」、鍋専用の「鍋将軍」、大容量の「信吾港町」、ほどよい硬さの「誠実の絹」、細かく小分けした「ちょちょいのちょい絹」といった、記憶に残るネーミングが編み出されるわけです。

商品開発に励めばネーミングは降りてくる？

同様の自助努力に余念がないのが、仙台の松澤蒲鉾店です。仙台で蒲鉾といえば、笹かま。むろん同社も笹かまを製造はしていますが、それだけではない。「仙台揚げ」という、いわばさつま揚げのシリーズが好評で、イカとカレーと紅生姜という異色の組み合わせにファンも多い「いかカレー」や、わかめも入った「えび」、仙台名物ずんだ風の「枝豆」など6種の味を取り揃える。

海老、シャケごま、バジルチーズがそれぞれに入り、手鞠風に食べやすくなった蒸しかまぼこ「恵みのあじさい」なども洒落ている。アワビを実際に具材に使用し、貝の器に形どりした贅沢な「磯あわび」などは贈答品にも向いています。

同じ笹かまでも生姜、紫蘇、チーズの入った3種の「笹のかほり」、平目をふんだんに練りこんだ「ひらめ入り笹かまぼこ」、プリッとしていて柔らかい厚焼きタイプの高級品「笹百年」など、かなりユニークな商品を作っています。

極めつけが「ささタン」。おわかりでしょうか？　これにもさらに仙台名物が入っている。そう、牛タンです。同社専務で商品開発担当の松澤誠さんによれば、「先行商品はあったが、ミンチ状の肉が入っているだけ。ペッパーもキツかった。だから、開発だけでも3～4ヶ月かけ、納得の行く製品を目指したんです」とのこと。

「元々は牛タンメーカーから『原料提供をするから、こういう風に売りたい』とコンセプト提案があった。でも、計画が頓挫してしまい、ウチが引き受けることにしました。原価ギリギリまでタンも多めに入れていて、その歯触りにもこだわり、カットも大きめです。香辛料の配合には特に苦労しました」

ささタンは確かにタンが歯にコリッと当たる。噛んだ瞬間にあの牛タンの風味が口中に広がる。辛味も程々で飽きが来ない。胡椒と一味を使っているのは同社独自。練り物とタンの両方の風味が活きる丁寧な味つけです。

しかも、ささタン。笹かまだって短縮ネーミングの優れものだけど、かまタンでもタンかまでもなく、ささタン。この呼びやすさがヒットを呼んだとは言えまいか?

「いや、この名は元の提携先がつけたんです。で、それごと使用許可を得て、ウチで販売まで手がけた。ずっと伸びている商品ですが、儲けは少ないですよ。だからって、タンの量は減らせないし、売価も上げられない。類似品は真似できません」

旨いわけである。この誠専務、実に思慮深いタイプで、そう能弁ではないが、言葉に説得力がある。だからか、松澤の商品も誠実そのもの。

「〝笑顔と感動をお届けします〟というのが我が社のスローガン。それも去年できたんです

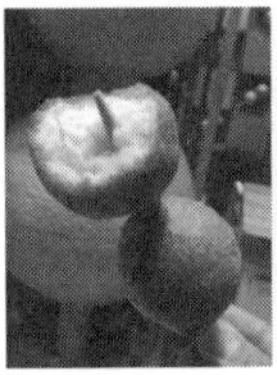

阿部蒲鉾店の「ひょうたん揚げ」

蒲鉾をアメリカンドッグにしてしまおうという、大胆な発想から生まれた激ウマなファストフード。発売以来30年、仙台市民のソウルフードとなっていたが、16年に駅構内にも店ができ、出張帰りのサラリーマンや観光客も気軽に頬張っている。これもネーミングと商品が素敵に合致した典型例だ。

が（笑）。お客さんがウチの商品で喜んでくれている——というのがアイデンティティなんですね。それは譲れない。名前に関しては一回聞いたら忘れられないよう、心に残るものを意識しています。ちょっと変だなぁ——と受けてもくれるんですが、味わうと納得してもらえる」

その通りだと共感します。商品が名前を裏切らない。また、名前も商品に背かない。それがまず大事。ささタンの場合、ちょっと奮った名が先にあった。しかし、それを苦労を重ね、実際に形にしたのは誠さんたちです。

しかし、仙台を訪れると、駅構内ビルだけでも驚くべき蒲鉾店のテナントの数です。S—PALのB1F 仙臺みやげ館に7軒、それからエキナカ2Fのおみやげ処せんだいに、アメリカンドッグに似た〝阿部かまのひょうたん揚げ〟のスタンドを含めると8軒。それらは重複もしていますが、宮城県蒲鉾組合連合会加盟社が仙台だけで9社、他地域も合わせると計42社あります。その中には石巻で焼竹輪だけ作っているメーカーもありますが、大方は笹かまも作っている。仙台の玄関先には、中でも選ばれた会社が出店しており、創業107年目を迎えた老舗の松澤も当然そこに含まれています。

明らかに過当競争という印象を受けますが、どこも材料の吟味や製造に独自の工夫を凝らし、差別化を図っていて、誠さん曰く「共存共栄」の関係にあるようです。実際、このテーマを取り上げなければ、仙台駅の土産物売り場で試食をしまくる、シショッカーに自分がなるとは思ってもみませんでした。

確かによく味わうとそれぞれに違う。なにも笹かまは土産物に止まりません。松澤製品は基本的に直営6店舗と高速道路のサービスエリア、通販でしか売りませんが、普段使いの品もスーパーにはよく出回っている、宮城県の県民食です。だから、みなそれぞれにお気に入りのブランドを持つんです。飲み屋のお通しで出る笹かまも、個々の亭主のこだわりで変わります。

第3章でも申し上げた通り、ネーミングとは個性の主張ですが、笹かまという定型は決まっていて、かつ競合の多いジャンルだと、それ自体で差別化を図るのは相当難儀。しかし、松澤蒲鉾店の優秀さは、その笹かまの品質自体を変えず、別の意味を持たせた商品を展開しているところにあります。

それが今回一推しの「晴れかま」です。ハレの日の焼印笹かま。これまでにも名入れ饅頭や、最近ではメッセージ入りどら焼き（世田谷の文の菓の〝もじどら〟など）もあるけれど、それと同じ要領で焼印で名前や短文を入れるのです。16年1月に発売され、折込チラシなども利用し、地元では徐々に浸透してきているそうです。

明治創業の仙台風趣
松澤
株式会社 松澤蒲鉾店

松澤蒲鉾店

市内中心部にある店舗は高級感に溢れる。そこでの一推しが「晴れかま」だ。

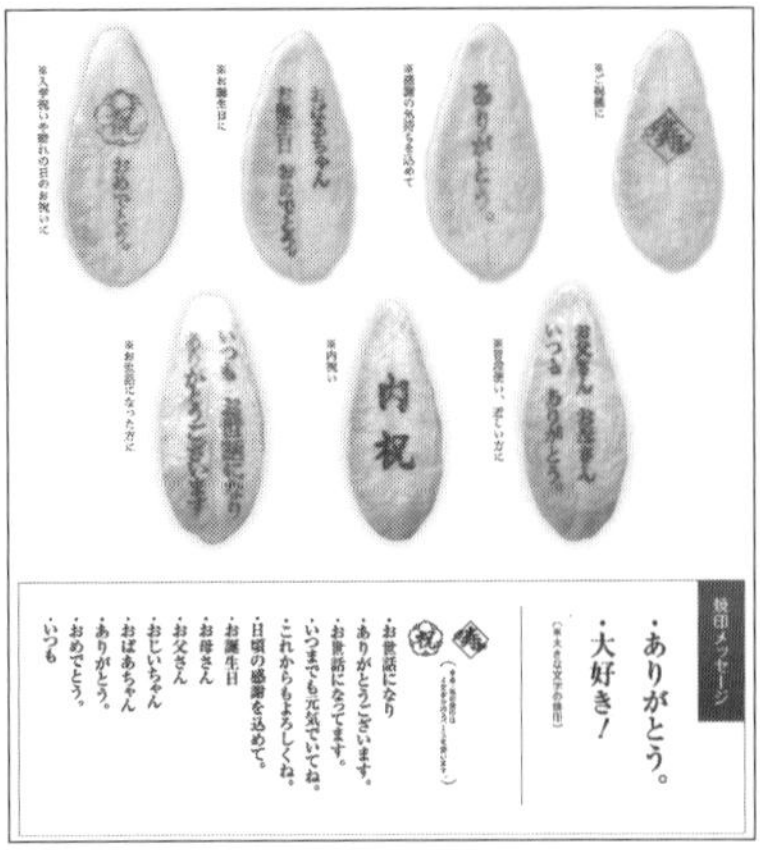

晴れかま

祝いの言葉がまさに刻印（ブランディング）されている「晴れかま」。もらって嬉しく、送って楽しい、仙台の贈り物の定番となりそうな商品だ。

半熟親子ばくだん

晴れかまもだが、惣菜蒲鉾の最新ヒット作、半熟親子ばくだんも漫画入りの折込チラシも活用して宣伝。「お客さま、とろっと半熟でございます！」という店頭コピーも優れものだ。

どら焼きよりぐっと面積の小さい笹かまに文字を入れようと思ったのがまず秀抜ですが、なんと言っても名前がいい。晴れやかな印象を贈られる側にだけでなく贈る側にも与える。誠さんの従弟の家具職人が営んでいた店の名、「晴れ時々家具（ハレカグ）」にインスパイアされてつけたとか。

入れられるメッセージは1行最大11文字、最大2行なので俳句や川柳の17文字より少し多いくらい。現状、用意しているメッセージも別表の通りで、「祝・寿」といった化粧文字を入れて、18パターンのみです。法人向けにはオリジナルの文案にも対応するそうですが、せいぜい祝何周年記念に社名を入れるので精いっぱいのスペース。でも、その小ぶりさがいいではないですか。

手に取ると本当に可愛くて、ありがたさも一入《ひとしお》。おまけにビールに合うので辛党にも嬉しい。メッセージごと蒲鉾をしみじみ噛み締めていると、自分でもこの晴れ晴れとした気持ちを誰かに贈りたくなってきます。

「ネーミングがメッセージ」を形にした画期的商品

私はこの商品の存在を知って、すぐに法人需要が見込めると思いました。事実、けっこう大口の注文も来たそうです。しかし、そこは社員たった36名の松澤蒲鉾店。焼印を押すのも手作業で、残業続きで大変だったそう。もっとも、晴れかまがこのまま伸びれば、一気に全国区ということもあり得ます。誠さんは「むしろ小さなハレの日に利用してほしい」と言います。

誕生日はむろん、父の日や母の日、快気祝い、喜寿などの記念日、結婚式の引き出物……。ありがとうが簡単に言えないまま、過ぎていく月日にちょっとした埋め合わせができる。それが晴れかま最大の特徴と言えましょう。

「私が入社してから20年の間、廃業したメーカーも少なくはなく、やはり業界全体では厳しい状況です。だから、いろいろ新商品を考えてきたとも言えます。それも面白いか、お客さんを笑顔にできるかどうかが発想の原点」

その究極の形が「晴れかま」。**メッセージを添えられるこの商品が、ネーミング自体が顧客へのメッセージであることを図らずも教えてくれる**のです。

そして、「第二創業はつねに意識していた」と語る誠専務は実は今、お惣菜用途にも力を入れている。

「贈答用ニーズだけでなく、ごはんのおかずになる商品を作りたいんです。普段の食卓に上る商品は強い。最近好評なのは、〝半熟親子ばくだん〟。コンビニが出すより先に、家内が弁当に作ってくれたおにぎりに半熟煮卵が入っていて、これを蒲鉾にしたら……と思ったんです。なぜ親子かと言えば、練り物の中に鶏そぼろを入れているから。半熟状態のまま冷ますのが難しく、これも試行錯誤を繰り返しましたね」

実際に食すと、これがたまげるほどおいしい。卵のとろみ具合にも感激するが、すり身の中の鶏肉の存在感もしっかりあって、風味が濃厚で真に名前に忠実なんです。さっと火を通すくらいなら、おでん種にしても中味は固まるまい。卵入りの練り物、通称ばくだんの半熟版という同工異曲の商品はあっても、鶏を入れたアイデアもさることながら、完成度において傑出しています。

しかも、このネーミングもシンプルだが、実にインパクトがある。半熟のばくだんで親子丼テイストが出せたらいいな。それが、実際にできてしまった。名前と商品がリアルに彩をなしています。

そして、事の発端が奥さんお手製のおにぎりというところが、商品開発やネーミングの骨法を見事になぞっています。**すべての商材のヒントは実生活にある**のです。第3章でも強調した、俳句でいう写生。生活を観察力を持ちつつ、まさに楽しむ。そのことからしか、本当に届くネーミングは生まれないのです。

あんぱんネーミングの流れ

①カウンセリング

40年近く続いているパン屋。この度、店も老朽化してきたので、
新装開店の準備に入った。そこで店名も含めたリニューアルを
考えている——と電話で相談を持ちかけられた。
近隣にもどんどん新しい感覚のベーカリーが進出してきて、
対抗措置を取らねばならないという理由から。

②フィールドワーク

銀座・東京・浅草とそれら専門店を巡り、
他にもあんぱん推しのいくつかの店も
回ってみた。

③プレ・ブレインストーミング＝書き出し法

アイデアというのはまずネーミングに始まるか、
商品のイメージとほぼ同時に名前が降りてくる。
ほとんど商品の考案時点で名前は降りてきていた。

また、基本の小倉とこしあんをしっかり作ろう、
またそれに合ったパン作りを目指そうという路線は固まった。

④ブレインストーミング本番
＝ディスカッション

餡《あん》Ltd. UNLIMITED　餡Ltd.《あんりみてっど》

限りなくパン生地の存在を感じさせ
ないほど、餡がずっしりのあんぱんを売って、日本中を驚かせたい。

「『愛と餡があふれるパン』だから、無限大の愛。
餡が無限大……Unlimitedがいい!」
少なくとも看板商品名はそれにすると即決した。

商品名完成！

おわりに

ネーミングは無限の可能性を秘めている

最近、東京では地方自治体のアンテナショップを多く見かけるようになりました。都心への人口一極集中が進み、国内で南北問題のような事態が生じています。だから、地域創成が叫ばれているのですが、実際に地方へ足を運ぶと、目立つのは道の駅などの方言を使った店名です。

例えば、2004年の中越地震で甚大な被害に遭った新潟県の山古志村（当時）には、「やまこし復興交流館おらたる」があります。「おらたる」とは1011通の応募の中から選ばれた名で「私（おら）たちの場所（たる＝～のあたり）」という意味。現在ではもう高齢の人でないと使わない言葉だそうですが、地域の人たちがそこに集い、多くの観光客にも訪れてもらい、みんなにとっての「居場所」となる願いを込めて、地元民を中心とした審査員が選んだといいます。

東日本大震災後、さらにその傾向が強まったかに思えます。地域の人々に結束を訴えるにも、やはり「方言」のパワーを借りねば――というところなのでしょう。

同じ新潟の長岡市役所などが入った複合交流施設、シティホールプラザ「アオーレ長岡」も方言にちなんでおり、「アオーレ」とは「会おうれ（会いましょう）」から来ています。その名称公募に全国から寄せられた案は実に552件。その中から最終的に候補を3つに絞り、さらに一般投票によって最も人気の高かった、この名に決まったとのこと。つまり、他県の応募者も方言をよく心得ておかねば、入選も難しいとも言えますね。

方言は他地域の人からすれば、実に新鮮です。同じ日本に住みながら、外国語のように聞こえる時がある。沖縄で「美人」を意味する、『ちゅらさん』という題の朝の連続テレビ小説が前年に放映され、大ヒットしなければ、2002年に開館した沖縄美ら海水族館もそこまで一気に浸透しなかったかもしれません。

その土地ならではの語感からエキゾチシズムが漂い、名前を眺めるだけで旅情をかき立てられてしまう。今後ますます、方言が格好のネーミング素材となっていく予感がします。

「いいちこ」という焼酎の名もすっかりポピュラーになりましたが、「良い」に大分県の中でも主として北部で用いられる強調の表現「～ちこ」がくっついたんだとか。口にしてリズムが心地よいし、ラベル上部の「下町のナポレオン」というキャッチフレーズも上手く援護射撃しています。

醸造元の三和酒類は営業活動をほとんど行わず、宣伝部やマーケティング部、商品企画部なども社内に存在しないそうです。しかし、イメージ戦略には力を入れており、広告のみならず商品企画には1983年より一貫して、東京芸大教授も務めたアートディレクターの河北秀也さんを起用。河北さんは「『いいちこ』は広告をしてきたのではない。デザインをしてきたからここまで来たのだ」と語ります。

それも確か。しかし、これはアルファベット表記にしても座りのよい、シンプルな名前の勝利です。実際、お洒落な新作は続々と発売されますが、メイン商品のボトルのデザインも書体も不変。根幹が定まれば、自由な変奏が可能なのです。ちょうどバッハの『ゴルトベルク変奏曲』のように…。

方言とはすなわち訛り。日本語はそもそも厳格な言語ではありません。縦に長い国土での微妙な変化を目にし、聴くことこそ楽しい。それはまさに音楽です。私はまずもって、その楽しさを伝授したかったのです。

また、この場合でも、ただ方言であればいいのではありません。そのままでは野暮ったい印象を与えてしまうかもしれない言葉の表記を変えたり、関連する他の言葉を足してはかけ、引いては割ってと、もっと意味合いを膨らませる工夫をする。

秋田弁で台所のことを「みんじゃ」と言います。台所は「水屋」とも呼びますから、そこから来ているとの説が有力です。片仮名で書くとミンジャ。アフリカや韓国人の名前みたいです。アルファベット表記だとＭｉｎｊａ。忍者と語感が似ているので、きっと外国人受けするかもしれない…。レストランの名前としてはかなりいい線行っていますね。

ネーミングとは、いわばそんな頭の体操を日常化する営みです。なにも難しいことはありません。日頃から言葉の種をせっせと仕込んでおけば、自然に発芽して自分を驚かせてくれます。勝手に他の種と交合して、新種が生まれたりもします。

言葉を考え、文章を書くのを生業とする人間には、こうしたレトリックという行為が習い性になっています。しかし、そうではない人でもちょっとした訓練でそれができるようになる。

誰だって自分の子どもやペットにはまず名前をつけるのです。ものが命名されず、他から分離されないままだと、それは〝そのもの〟足り得ない。存在として成り立たないのです。

レトリック＝修辞は本来、いわゆるリベラルアーツ（自由七学芸）の一つに数えられます。古代や中世ヨーロッパでは教養の中核を成していたのです。基本的には弁論術で、いかに聴衆を説得するかが目的でした。実際、古今東西の政治家の動向を見ても、彼らは言葉によって支持も得るし、潰えてもいきます。聴衆の心理を操る演説をより引き立てるため、身ぶりや発声法なども重視されました。修辞学は言語学、詩学、演技論などの総体を指したのです。しかし、近代ではそこから様々な学問に枝分かれし、あくまで言語表現に磨きをかける技術という意味に転じました。

つまりネーミングは究極のレトリックであり、そこに内包されるものは深く大きい。逆に言えば、そのことさえチラッと意識しておけば、実に自由自在であるし、未曾有の可能性を秘めています。だから、本書はその心構えと方法論を綴った、私のコピーライター人生の集大成と言えるのです。

そこで、ちょっとした仕掛けを表紙に施してもらいました。タイトル近くに挿入された岩の写真に気がつかれましたでしょうか。実はこれ、私の事務所のロゴマークです。私の名前の「岩永」、つまりネーミングのロゴ化がこの写真なんです。

ロゴ化とは、ネーミングを文字や図形にデザイン化すること。ネーミングの持っている意味やコンセプトを字形や図形で象徴することなんですね。ネーミング作業の締めくくりとして、大事な大事な作業です。ロゴを見て、人はネーミングの持っている重要な情報を心に刻む。ネーミングそれ自体は音《おん》ですから。ネーミングという音を視覚化するのがロゴとも言えるのです。

「岩永」という名を視覚化すると、ご覧のように「長い岩」で、コンセプトは「永遠の岩」。「長」ではなく「永」ですからよけいそうなります。「岩永」「いわなが」「イワナガ」あるいは「IWANAGA」といった文字でなく、岩の画像そのものをロゴにしてしまった。

しかし、このことにより、世界中の話す言葉の違う人が見ても、「岩永」の意味とコンセプトは伝わる。「グローバル時代のコミュニケーションは、文字ではなく画像だよ。世界に類のない写真ロゴだぞ！」と言って、朋友でアートディレクターの浅葉克己と写真家の小川隆之が、私が独立して会社を起こした時にプレゼントしてくれたのが、このロゴなのでした。ネーミングそのものの図像化の画期的な例として、いきなり表紙に投げ込んでみた次第です。

ちなみに九州は阿蘇の草千里でのロケ中、私には内緒で、二人でこっそり適当な岩を探し続けたそうです。日本の起源といわれる高天原の辺りで見事なこの岩を見つけてくれた。そして、東京に持ち帰り、小川さんのスタジオにて徹夜で撮影したといいます。

翌週になって、「独立おめでとう！」と岩の写真が印刷された看板と名刺と紙袋が、二人から贈られました。ロケから1ヶ月後のことでした。しかし、いくらねだっても、現物の岩槐はとうとう見せてもらえなかった。理由はいまだにわかりません。それからもう40年以上になるのですね。小川さんは08年には亡くなってしまいました。

しかし、原始時代、人間は今のような文字を持たなかった時でも、絵を用いてコミュニケーションをしました。ラスコーやアルタミラの洞窟壁画などを見ればわかる通りです。この写真に撮られた岩は、そうした歴史的事実を思い起こさせてくれます。

問題なのは岩ではなく、それがこうやって写真に撮られ、デザインされ印刷物となって、言葉の代わりを果たすという、メディアの意味合い。それを二人は教えてくれようとしたのかもしれませんね。

昨今、ネーミングにまつわる話題は本当に多く、追いかけ切れないほどです。しかし、その本質はこの岩のように素朴で実直で深淵です。だから、私はこのシンボルマークを見る度に、嫌でも初心に立ち返らされてしまう。そして、ついに手渡されなかったモデルの岩を、直に触っているような気にもなります。

ネーミングには五感の駆使が大切だ——とも本文中で申しましたが、それぞれいくらか衰えても、また違う感じ方が立ち上がってくる。言葉との戦い、いや戯れにはまったく終わりがないのです。

そう、皆さんもまずはネーミングと遊んでください。思う存分言葉と遊んだな——と思った瞬間も、また新たな言葉は降りてくる。そんな言葉こそ大事にすればよいのです。

…とお伝えすることで、いったんお開きにしましょうか。それくらい終わりのない、面白い作業がネーミングなんです。

最後に――。広大な言葉の海を探検して、膨大なネーミングを収集レポートしてくれた鈴木隆祐さんに、深謝多謝です。彼の水も漏らさぬ徹底取材なくして、この「最強のネーミング」は生まれ得ませんでした。この本は、二人の「最強のコラボレーション」です。

イラストを添えてくれた画家の若菜由三香さんにも感謝申し上げます。

そして、このタンデム（2頭立て馬車）に厳しい愛の鞭を最後まで入れ続けて、全速で完走させてくれた中尾淳編集長にも、ありがとう。ありがとう。他に言葉が見つかりません。

2017年8月　岩永嘉弘

岩永嘉弘（いわなが　よしひろ）

ネーミングの第一人者、名付けビジネスの第一人者と呼ばれる。広島生まれ、東京育ち。早稲田大学政治経済学部新聞学科卒業。光文社に編集記者として勤務の後、明治製菓宣伝部にコピーライターとして入り活躍。その後独立して、ロックスカンパニーを主宰。TCC（東京コピーライターズクラブ）新人賞、同特別賞、朝日広告賞、ニューヨークADC賞、など受賞多数。1995年には、日本初のネーミング年鑑『日本ネーミング年鑑』を刊行。著書に『ネーミング全史』（日本経済新聞出版社）、『一行力』（草思社）、『「売れるネーミング」の成功法則』（同文舘出版）、『すべてはネーミング』（光文社新書）などがある。ネーミングの主な代表作として、『日清oillio』『JR ioカード』『ホンダFIT』『月刊STORY』『渋谷109』『日立洗濯機からまん棒』『新宿MY CITY』『東急Bunkamura』『PHS ASTEL』『JAL悟空』『月刊Saita』『大手町Hotoria』『男性化粧品UL・OS』『Solaseed Air』などがある。『barLOS・COS・MOS』『駅弁元気甲斐』など、中小企業のネーミングにも、多数関わっている。

最強《さいきょう》のネーミング

すべてのビジネスは名前《なまえ》から始《はじ》まる

2017年 9 月10日　初版発行

著　者　岩永嘉弘 ©Y.Iwanaga 2017
発行者　吉田啓二

発行所　株式会社日本実業出版社　東京都新宿区市谷本村町3-29 〒162-0845
大阪市北区西天満６－８－１ 〒530-0047

編集部 ☎03-3268-5651
営業部 ☎03-3268-5161　振　替　00170-1-25349
http://www.njg.co.jp/

印刷／理想社　製本／共栄社

この本の内容についてのお問合せは、書面かFAX（03－3268－0832）にてお願い致します。
落丁・乱丁本は、送料小社負担にて、お取り替え致します。

ISBN 978-4-534-05522-4　Printed in JAPAN